民国青年教育丛书

读书与写作

李公朴 编

知识产权出版社
全国百佳图书出版单位

图书在版编目（CIP）数据

读书与写作/李公朴编. —北京：知识产权出版社，2018.1
ISBN 978-7-5130-5314-3

Ⅰ.①读… Ⅱ.①李… Ⅲ.①读书方法—文集 ②文学创作—文集
Ⅳ.①G792-53 ②I04-53

中国版本图书馆 CIP 数据核字（2017）第 300714 号

责任编辑：文　茜　　　　**责任校对：**王　岩
封面设计：张　冀　　　　**责任出版：**刘译文

读书与写作

李公朴　编

出版发行：知识产权出版社有限责任公司　　**网　　址：**http：//www.ipph.cn
社　　址：北京市海淀区气象路 50 号院　　**邮　　编：**100081
责编电话：010-82000860 转 8342　　**责编邮箱：**wenqian@cnipr.com
发行电话：010-82000860 转 8101/8102　　**发行传真：**010-82000893/82005070/82000270
印　　刷：三河市国英印务有限公司　　**经　　销：**各大网上书店、新华书店及相关专业书店
开　　本：720mm×960mm　1/16　　**印　　张：**15.75
版　　次：2018 年 1 月第 1 版　　**印　　次：**2018 年 1 月第 1 次印刷
字　　数：184 千字　　**定　　价：**59.00 元

ISBN 978-7-5130-5314-3

再版前言

民国时期是我国近现代历史上非常独特的一段历史时期，这段时期的一个重要特点是：一方面，旧的各种事物在逐渐崩塌，而新的各种事物正在悄然生长；另一方面，旧的各种事物还有其顽固的生命力，而新的各种事物在不断适应中国的土壤中艰难生长。简单地说，新旧杂陈，中西冲撞，名家云集，新秀辈出，这是当时的中国社会在思想、文化和学术等各方面的一个最为显著的特点。在这样的时代和社会背景下，对新式青年的培育成为当时思想界、文化界和教育界进步人士着重关注的一个焦点问题。引导青年人从中国传统的封建文化的弊病中解放出来，科学地审视和继承传统文化中的有益的成分，同时科学地借鉴和接受新鲜、进步的西方社会思想成为当时重要且普遍的社会现象和社会思潮。

本社此次选择了一些民国时期曾经出版过的、有关青年教育的图书，整理成为一套《民国青年教育丛书》出版，以飨读者。这套丛书涉及青年人的读书、工作和生活，部分图书侧重于理论上的引导，另有部分图书则侧重于以生活实例来宣扬符合时代和历史进步发展方向的人生观、价值观，引导青年人走上积极向上、努力进取的人生道路。这套丛书选择的图书大多以平实的语言蕴含丰富而深刻的人生哲理，读来令人回味无穷，既可供大众读者消闲阅读，也可供有专门兴趣的读者拓展阅读。这套丛书不仅对民国时期的青年读者具有积极的教育意义，其中的许多观点和道理，即使在当今社会也没有过时，仍具有重要的参考价值，因此也非常适合今天的大众读者阅读和参考。

本社此次对这套丛书的整理再版，基本保持了原书的民国风貌，只是将原来繁体竖排转化为简体横排的形式，对原书中存在的语言文字或知识性错误，以“编者注”的形式加以校订，以便于今天的读者阅读。希望各位读者在阅读本丛书之后，一方面能够对民国时期的思想文化有一个更加深刻的了解，另一方面也能够为自己的书橱增添一种用于了解各个学科知识的不可或缺的日常读物。

编者的话

《读书生活》从第三卷起，为了当前实践的需要，决定以现实的反映、大众的认识的发展及民族抗争生活的理论指导为目标，纯粹讨论读书及写作的文字，就比前两卷少得多了。最近常常接到许多读者的来信，要求《读书生活》恢复从前的状态，多登一点读书的问题。但因篇幅等等关系，在事实上是不可能的了。为了补救这一点，特把这本《读书与写作》编印出来，以供一般读者的需要。

关于“读书”，人人都知道是为了求知，为了启发思想，认识环境；但过去及现在有很多人对于读书的认识不正确，只知死读，没有适当的方法；只知向书本子求知识，而不了解求知与实践的关系，所以他们不但不能得到读书的利益，有时反为书本子所迷误了。

近来有很多人对这问题，虽曾表示过不少意见，但多是散见各处；到目前为止，比较适当的，指示人们读书求知的书，还是很少。

《读书与写作》的出版，可说是弥补了这一部分的缺憾。在这本书里虽只包括三十几位著者的意见，但这些意见并不是什么书生们的呆话，而是各著者从实践中得来的经验。在这里面是一致的指出读书与生活的联系性、求知的途径与读书的方法等，而对于读书的认识，更是严厉的纠正了那些

“为读书而读书”等等读书论的错误，提示了正确的读书态度。

至于写作方面，这里的材料似乎比较少些，但在那八篇文章里，已经把写作方法的种种问题，如题材的选择、写作的技巧及写作的态度等，都很扼要的讲到了。这对于一个学习写作的人，实在是很需要的。

总之，这本书虽不能说是十分完备，但读过后，对于这些问题，应可得到一个明确的概念了。

关于编选本书的另一目的，乃因有许多读者要补购过去的《读书生活》，但《读书生活》一、二两卷的纸型，由于印刷所的失慎，已全部烧毁，事实上是无从再版了。因此就决定把一、二两卷中比较有系统的文字，分类刊印丛书，以作补救。现在已出版的是：《大众哲学》（原名《哲学讲话》）、《如何生活》《知识的应用》《社会相》《我们的抗敌英雄》（科学小品集）、《生活纪录》和这本《读书与写作》。这样，在一、二两卷里的重要材料，差不多都已编选进去。所以无论新旧读者，如能买齐这几本丛书，那就等于补齐了第一、二两卷的合订本；并且一切材料，都经过精选，这对读者的经济及时间上更是便利了不少。

李公朴，一九三六，九，三十

目录

读书之部

一、读书概论

大众读书谈

陶行知

（一）卖报孩子

“你们把报卖给人看，自己也能看报吗？”

“看不懂。”

“读了书，就会看报。你们愿意读书吗？”

“愿意的，可惜没有人教。”

“我们请一位先生来教你们，好不好？”

“好的。先生那一天来？”

“说来就来。你们早报什么时候卖完？”

“十点钟。”

“晚报什么时候卖？”

“五点钟就要去贩报来卖。”

“你们要读书，总得要找一个地方，那家的房子大些，可以去借借看。”

“吕公义家里大些，和他妈妈说说看。”

“读了书，要教人。我们请先生来教你们，你们还要教家里的人和邻居的穷孩子，愿意不愿意？”

“愿意的，不会教人怎样办？”

“读一课，教一课，怎么不会？如果真的不会，请教先生。”

“好的。我教妈妈好不好？……我教小妹妹行吗？”

“行！每个人教两个人。一面温书，一面教人，把别人教会了，自己的功课也温熟了。一弹打中两只鸟，对不对？”

“对！一弹打中两只鸟。”

吕公义得到妈妈的许可，卖报儿童工学团出世了。这里有一张八仙桌，凳子不全，有些小孩要站着上课。黑板、地图是捐来的。一位青年天天来尽义务来教他们二小时。他们每人要教别人半小时。他们靠卖报吃饭，卖报就是他们的工。每天求些新知识就是他们的学。有了这个小小组织，遇事大家商量，就是他们的团。这是一个小小工学团。这是一个文化细胞。他们已经读完四册《老少通》，接着读《高级市民课本》，并学看他们自己所卖的报。

（二）小农人

“你们办的儿童工学团有几个小先生？”

“九个。”

“有几个团员？”

“八十几位。”

“你们遇着的最大的困难是什么?”

“我们做了小先生全天都在团里工作，家里少了一个人，事做不了，饭不够吃，父亲埋怨哟。”

“你们父亲怨得很对。你们为什么丢掉饭碗工作来做小先生啊?”

“那末，怎么办呢?”

“你们素来在家里干什么事?”

“跟父亲种田……种菜……种瓜……守牛……”

“好，种田的仍旧种田，种菜的仍旧种菜，守牛的仍旧守牛。抓住你的饭碗求学，抓住你的饭碗教人。每天学一点钟，教一点钟，试试看。”

“这样，家里的人就高兴了。不过儿童工学团的功课不是减少了吗?”

“那是当然的。如果不减少功课，这工学团就要变成一个吃人的学校，而不是一个自救救人的工学团了。”

“对！我们九个人轮流来教。”

在这个方针指导之下，杭茂祥小先生来信说：“我在农场上种了西瓜，常常要捉虫浇水。我从‘做’上‘学’种西瓜的方法。现在正有很大的西瓜结着。我的试验成功，可以自己安慰自己啦。”杭金洪小先生也来信说：“在九个小先生之中，分两班，一班可以上午教人，下午回家工作；另一班在下午教人，上午工作。小先生有饭吃了。”这“有饭吃了”四个字是说得太容易了，但是抓住工作去求学教人是小农人上进的重要法门，那是无可怀疑了。

（三）女　工

“你为什么要办这个学校?”

“我们厂里十二点钟放工人出厂吃饭，一点钟才许工人进厂做工。我们吃饭只要十分钟，足足有半小时闲着。常常有男人跟着我们钉梢❶，实在讨厌。因此我向姊妹们提议大家来读书，赞成的有二三十人，我们就开办了。”

“你们怎样借到这个课堂？”

“起初我们是在一个弄堂里，露天上课，那些男人还是跟来围着看。我们不得已只好和这里校长商量借一个课堂给我们，本来小学校是十二时放饭，一时半上课，课堂是空着，校长又热心，就借给我们，从此我们是能安心了。”

“我看你教得很好，你是在那里读过书？”

“我在民众夜校里读过书，现在还是每天晚上去求学。”

“你为什么要这样吃苦教人？”

“我既然得了一点小学问，就应该帮助我们小姊妹。这是我的责任。我很高兴干。并不苦。”

这位热心的女工，早上要走八里路来上工，晚上要走八里路回家；除了做十一点钟工外，午刻要教半小时功课，晚上要求一小时学。她的学校已由二三十人增加到一百人，由一校而分为两校。我十分高兴的提出这位新时代的女子来做我们的表率。我不愿意说出这学校的地址，因为一说出来，一定有许许多多人要去参观，她们只有半小时，那有这许多工夫来招待呢？读者如果一定要参观，即请各人自己办它一个就近参观好了。

（四）识字农人

“你从前在那里读过书？”

❶ “钉梢”，应为“盯梢”。——编者注

“在私塾里读的。”

“读了多少时候？”

“八个月。”

“操先生来过后，你跟他学过多少时候？”

“两个月。”

这是一年半前我和孟阿根的对话。那时他拿了他亲笔写的五万字的日记给我看，使我得到一个很大的暗示。一位受了八个月私塾死教育的农人是一封信也不会写，经过二个月的新启发居然能把死字活用，写出生动的农人文学，这不是一件大事吗？在私塾教育的基础上来改造农人的头脑与文化，是我们今后必须努力的一件工作；改造现存的私塾，使这基础易于接受现代文化，更是农人读书之一大助力。

（五）送花车夫

“你们这样夜深呆等在这个荒野的地方做什么？”

“等农人送花来，拉到上海去。”

“天天在这儿等吗？”

“风雨无阻，天天来的。”

“什么时候等起，等到什么时候？”

“从晚上十时要等到十一时。十二时是必须拉到。”

“一共有几部车？”

“二十部。”

“你贵姓？叫什么名字？”

“我姓王，名字叫兆其。”

“我去请一位先生天天晚上在桥边教你们读书好不好？”

“欢迎。我们一到这里就读，等到花来就歇，每晚可以读一个钟头咧。”义务先生已经请好，正在预备开课了。

（六）小车上流动工学团

“你贵姓？”

“我叫老吴。”

“你这部车能推几个人？”

“男人六个，女人十个。”

“你推来这些女人做什么的？”

“她们是纱厂工人。”

“几个钱推一趟？”

“包月的。每月一元四毛大洋一个人。每天一接一送。”

“每天什么时候送，什么时候接？”

“我早上五点钟推她们去，要到五点三刻才到厂。晚上六点钟我在工厂旁边等她们，要到六点三刻才能把她们送回家。”

“你每天推几个人？”

“有九个人包了我这部车。”

“好，吴大哥，谢谢你，你车上这九人当中有认得字的吗？”

“那个，我不知道。”

谈了这几句话，在我的脑袋中是浮出了一个小车上的流动工学团。在小车上教女工读书是一件极自然而经济的事。我们如果在每部车上找着一两位识字的女工，这件事就会办得成功。叫识字的坐在中间，不识字的坐在两边，拿起书来教，这是多么便当啊。手车是手工艺时代最高之发明。除非是上海交通制度起了根本的变化，这手车是什么东西也打它不倒。有轨电车、公共汽车都不能把它排挤掉。一部车上坐十个人，每人一元四角，车夫再推一些零星客人，就可以糊口。女工每月出一元四毛便可坐六十次车，每次十里只化[1]铜板八个，那是最经济了。现在已经有人自告奋勇，试办手车流动工学团，我们预祝它的降生吧。

[1] “化”，应为“花”。——编者注

劝世人莫读古书文

曹聚仁

朋友们：

我一生一世，别的没有什么吃亏；吃亏自幼读了几句古书，永远在脑壳里作怪。我要进一步，死鬼就拖我退后十步，不稂不莠这样没出息，想起来好不痛心！诸位要当心隔壁胡子伯伯想害人，他自己吃了古书亏，像我一样没出息，还日思夜想，想找几位做他的替死鬼呢！诸位总听过河水鬼讨替身的故事罢，胡子伯伯嘴里说得甜蜜蜜，年轻朋友，人人要当心！

第一，要劝列位莫要读《五经》。《尚书》五十九篇，其中一半是假的，还有一半是从前帝王的告示、宣言、通电，不读不看有什么要紧？《易经》是一本求签簿，上上下下，吉凶晦吝，和我们半点也没有关系，为什么怕鬼念心经？《礼经》说来更可笑，今文家把礼仪当宝贝，古文家把《周礼》当圣经，经学大师自己还没弄分明。还有那部《春秋》最可笑，一本破烂流水账，孔老夫子做梦也没看见过，孟老夫子硬派他定褒贬、诛乱臣。可笑那康有为拿《公羊传》来变戏法，章太炎把《左传》祭起定妖魔，一场混战闹不清。本来还有一部《诗经》载民歌，男男女女说私情；只因为《大序》《小序》把邪呀正呀说了一大套，再加郑笺朱传，把一部好书越闹越胡涂，看注不如看白文。朋友呀！我们年纪都很轻，不读五经不要紧！

第二，要劝列位莫要读《四书》。《四书》自从南宋流行起，那一套明心见性的把戏，够你一生一世打斛斗了。宋人的道理，都从《佛经》那边偷过来，穿上一件儒家衣衫像煞一位新圣人；抓住狐狸尾巴看一看，还是那么一个老妖精。《大学》《中庸》本来只是《礼记》里面两篇短文章，宋人自程子以后，你一定本，我一定本，都说是圣人本意；孔子不复生，只好由他们胡闹了。清朝乾隆年间，有一位孩童问得好：“程子生在一千年以后，怎么知道孔子之道曾子述之呢？”问得那老师哑口无言。那孩子便是后来的戴东原，他一生读书真细心。宋人要把《大学》《中庸》当作方法论，列位不玩哲学的把戏，读它做什么呢？《论语》味道本来比较好，可是列位还年轻，三十、四十去读不算迟。列位如若不信我的话，孔圣人说：“水哉水哉！”究竟何取于水呢？《孟子》，那更不必读，大学专科研究政治学、社会学，再把《墨子》《荀子》《韩非》对照着读，才有眉目门路呢！朋友呀！我们年纪都很轻，不读《四书》不要紧！

第三，要劝列位莫要读古文。古人作文，大半为死文。韩退之受金誉墓不必说，一部《古文辞类纂》，碑、志、铭、赞、传、状、诔……满纸鬼气阴森森。古代文人大半都是书痴子，咬文嚼字花样固然多，人情世故、民生经济全不懂。翰林学士，赶人问四川近海不近海；堂堂御史，说缅甸、安南在日本之北，南北联合打日本。唐宋八大家文章，这样的笑话，多得很，多得很！你看韩退之《送孟东野序》，多少冬烘先生摇头摆尾哼个不休。我请问，上面说“凡物不得其平则鸣”，下面“天将和其声而使鸣国家之盛”，这一段作何交待？这样前后矛盾的文章，至少该打十下重手心，居然千人万人都朗诵，你看旧文人看文章有没有眼睛！朋友呀！我们年纪都很轻，不读古文不要紧！

第四，要劝列位莫读正史。正史都是帝皇相斫书，一家一族的兴亡，干我们什么鸟事！要知道本朝天子总是圣明比尧舜，史官瞒这瞒那骗后人。还有权臣可用势力来压迫，颠倒黑白是常情；还有金钱可贿改，富贵子孙把祖宗罪过改换过。十件史事那有一件真？而且不懂统计学，不懂社会学，不懂经济学，怎看得清社会变动的前因与后果？没有社会科学做根基，读正史正如在大海上没有指南针，怎能辨清方向呢！朋友呀！我们年纪都很轻，不读正史不要紧！

第五，要劝列位莫要看古书。诸子百家的书，错简错字、脱句脱节，不知有多少；要等专门学者整理个五十年、百年，才有头绪可得，要等地下的古物出来，才有正确的意义可讲；等我们的孙子出世，恰好是时候。后世千千万万的文集，正如一千种、一万种杂志，砂[1]里淘金，未始没有一二处好的，也得等待图书馆专员把那些子目做起索引来，才有线索可寻；我们目前饭都吃不饱，活都活不成，那有闲工夫想这些烂东西！朋友呀！我们要爱惜我们自己的精神，不看古书不要紧！

第六，要劝列位莫要尊古人。古人的世界好比螺丝壳，泰山虽高，怎及得喜马拉亚山？渤海虽广，怎及得太平洋？古人的眼光好比菜油灯，“声是无常”，我们居然映电影（有声电影），雷公菩萨，我们请他运东西。古人的知识好比那刘姥姥，释迦牟尼看不见电子世界，孔老夫子想不到太阳以外还有大恒星。从来说“子能跨灶”“青出于蓝”“学生好过先生”。我们若相信事事不如古人，一代不如一代，你想想：胎生变卵生，

[1] “砂”，今作“沙”。——编者注

爬行变两栖，一代代退化下去，全人类都变成阿米巴，请问孔老夫子坐在大成殿上吃起冷猪肉来有什么趣味？朋友们，我们要相信我们自己的能力，不尊古人不要紧！

最后，要请列位听分明：古书好比鸦片烟，吃了鸦片，一半像鬼[1]半像人；古书好比花柳病，惹了细菌，子子孙孙毒满身；我们活人要走活人路，何苦替死鬼僵尸劳精神！列位呀！我这样苦心劝世说真话，若是胡子伯伯还要横着面孔来生气，唉！那才是“勿识好人心，狗咬吕洞宾”！

[1] 此处疑脱漏一“一”字。——编者注

打倒对书的灵物崇拜性

柳　湜

（一）

极平凡的东西，往往也就被看做极神秘的。极容易开口说的话，往往也就是最难说的。譬如就读书说，白纸印黑字的东西，现在叫做书，这是三岁孩子都知道的事，但有千千万万的成人，双膝跪倒在这白纸黑字前膜拜。人类这东西，常常记性不好，本来是用泥土和水塑成的一个偶像，由自己的心意和双手造成的，等到变化庞然一物摆在自己的面前时，就会觉得神秘起来，不知不觉的就拜倒在这泥团前。

这样的例子，多得会数不尽。用一头羊和一匹布交换的时候，一点不觉得神奇，等到大龙洋（应该说货币）出世的时候，人类的头就发昏起来，变为拜这银神或金神了。

是的，书这魔物现在的神秘性，实在不衰于这银神、金神在这世间的势力。

“书”虽然变为魔物了，古今中外的人，对这魔物歌诵的言辞、流布的说教，就多得“汗牛充栋”；书的真实的面目被盖住一层层遮秘的外衣，这些神把一个读书界闹得了乌烟瘴气，把许多活泼的人弄得死头昏脑，一生埋在字纸堆里。

于是乎，世间生出了一些叫做书痴子、书蠹、“为学问而学问”的“纯粹学者”“开卷有益”派等等的怪物来。

你想，从读过“三百千”起到肚皮里装了万卷的“学者”止，虽然各人读书的深浅不同，犹如花子手里握着一个铜板与摩尔根家里兆贯家财之比一样，但他们总都见过白纸黑字，这犹如花子和资本家同看过钱币一样，总是事实。你能否认这事实么?

因此谈到“读书”，从“三百千”的朋友，到读破万卷的学者，既然与书都有些缘分，也就自然对书各有意见的。不!连没有福气读过“三百千”的文盲，他们中也许仍有几位“博雅”的人，要发些意见的。他们的意见自然是从别人方面，耳食得来。这一来，就会生出五花八门的意见，会生出一种神秘之感来。于是越说就越说不清楚，人人容易开口说几句的话，也就越变为最难说的话了。

这是怎样说的呢?

这是因为对书变为灵物崇拜了。

中国人一向是过于看重书本子的。敬惜字纸到今日还被人在那里提倡，这明明是灵物崇拜的证据。“书”既然这样被人看重，读书这一事就变为万般的上品了。

虽然近几十年来，我们要感谢资本主义的侵入和士大夫阶级的没落，对于读书人的信念稍微变化了一点，对于书的神秘性也解放了一部分，但对书的灵物崇拜性并没有完全消灭。“开卷有益”的教义，仍然是读书界支配的势力。旧的驼背冬烘，语必尧舜，言必文绉绉的书痴子，虽然快消灭了，但新的直背洋装的绅士，口操“语录夹洋语”，挂着“为学问而学问”的“纯粹学者”的牌子的人又代替了他们。还是在“万人之上”宣传中外的圣教。

所以今日读书界，连学校也包括在内，对于书以及读书的观念，都仍是充满灵物崇拜的观念；读书的方法，自然是非科学的、非实践的玄学法。

（二）

“书”这东西能够受到人的膜拜，自然不是偶然的。当我们的祖先，把简单的图书或象形文字刻在树皮、竹片或土块上的时候，那时对于这类文字和刻有文字的树皮、竹片或土块不过是供记忆的实用，不会生出神秘的观念来的。等到这类东西被某一部分人独占了，文字进化的更繁复，笔、墨、纸这类东西发明了，于是能够写作著书的人，自然早已是极少数上层的支配者；这时识字的人少，抄写的艰难，书的被人尊贵，读书人被人看得起，都是同财产所有紧紧关联的。书在这一时期，不仅是记社会经济生活中的事项和经验，同时也变为管理人与说服人的工具了。在知识被少数人独占的时期，书的神秘性是必然要发现的。

活字印刷术发明，动力印刷机出现，虽然书的神秘性要洗淡许多，随着读书人的加多，著作人的加多，自然，人们对于书的观念也一天天不同起来，但是在印刷所还是某一部分人个人的财产的时代，在学校的铁门还不能公开给任何人的时代，书的灵物崇拜性，读书观念上的神秘性，总不会完全消灭的。

在这一时代，有书读的人是与有财产成正比例的。财产的关系，决定了他的社会意识，同时决定了他对于书的看法、读书的态度、读书的方法。

“书”在今日资本主义国度内，其生产量的巨大，真会使人惊奇。莫说中国古人说的“读尽天下书”是一句狂妄的话，就说读完某一专门部门的书也简直成为不可能了。今日这繁复的社会生活下的人，即令你有读书的机会，有读的书，你也会被这书的洪水淹没下去。虽然这巨大的书籍的产生，就是表示人类文化的前进、人类文化的结晶，可是这巨额的生产中并不都是精洁无疵的纯玉，它是鱼目与珠的并呈、真理与说谎夹杂的；它好比一块矿石，常常是合金，或者是块顽石，其中是否含着金沙，你不将它下炉熔解，你还不能把握，你抱了一块顽石，就认为是发了大财，这不是天大的笑话么？

如果像这样朴素、简单，那也罢了。这块知识的砖块，名叫书的东西，你如果一接近它，你不是仅仅把这白纸黑字的纸片，抱在怀里，你是将它里面的真理或说谎，搬进脑里去；你的脑子，就好比是一个照像机，那多绉的脑壁就好比没用过的胶片，你把你还不知道是真是假的东西，随便的搬进去，随便的滥用了你的胶片，那是何等的不合算而又危险的事呢！何况著作者的每一句话每每像一颗带着糖衣的丸药一样，在诱你一口吞下，而书面又每每的印着灿烂的金字，用着柔软软的牛皮封面引你忘记它的毒性呢！

这真是件危险事，一不留心，你的脑子弄坏了时，你会向本来是你的敌人下跪下拜，反过来怒视你的兄弟朋友。你会好像吃醉了酒的一样，东倒西歪，分不清红黄蓝白。你会做出妨害人类的进化，助长恶魔的势力，成为老虎的一个爪子，无端的把人类不幸的历史拉长起来。

是的，不能接近书本子的人是文盲，是今日社会中最不幸的人，但是你能接近它，你就幸福了么？不见得呀！

（三）

但是，一个灵物崇拜者是看不见这一些的。你看他的对于读书的态度，是什么呢？是“开卷有益”，只要打开书读，你就会得到益处。这是何等的诡辩啊！这里很轻巧的把真伪混同起来，有意无意的让它去碰运气，去吸收滋养或中毒。

我曾经写过一篇《开卷有益辩》，对于这四个字的神秘，颇尽了一点捣毁的职责。我是身尝过这四个字的教训的，在这里，我不想重复的去说它，就抄一段在下面罢！

到十八岁的那一年，我却又受到开卷有益的又一次教训了。这次给教训的人不是先生，而是湖南都督张敬尧大帅的令弟张四帅。当时湖南学生好管闲事，是有名的，那一次大概是因为大帅要将湖南在湖北的官产鹦鹉洲的地皮出卖，学生起来反对的缘故罢！于是有所谓群众运动了。我们都“关”了“卷”来到街头，高喊打倒张敬尧，后来我们被大帅的兵包围住，要我们来听四帅的训话，四帅就说了几千个“妈的巴子！”但最后也劝我们读书，捧出了“开卷有益”四个字，要我们以后不要管闲事，只许在书斋里翻翻书页子。

这样文雅的四帅就是在今日也还是能遇见的罢！这不过是开卷有益的一个秘密：“不要你管闲事。”这些说教者是武人，他本身是不会“开卷”，也不要这“益”处的。他们的说谎，当面就会使你觉得要笑，不见得可以使学生就不闹了。

如果这话不是武人说的那就不同了。他的目的明明不仅是要你不管闲事打止，而是要你吸收书本子内的“益处”。我小时曾经参观过一个矿坑，记得整个矿区的设备都是简陋不堪的，但有一个堂皇华美的教堂，并且夜晚或星期日还教矿工读书。我当时很觉得惊奇，想了三晚也想不出它的目的。同去参观的四弟，也发出为什么矿区有了教堂又不禁止矿工家内念佛的愚问。到后来，才恍然大悟。他们要的是你驯服，用“圣经”或“阿弥陀佛”都是没有分别的。

就离开宗教说罢！凡是劝人“开卷有益”的，不是阴谋家，就是自己本身是一个书蠹，或者精神上受了伤害者；不管你身上穿的是洋装或者是华服，不管你是遗老，还是簇新的外国博士，或者是一个驯服的小羊。

总之，这是有意或无意使人甚或自己，离开现实，走入谬误认识中去；是使人，甚或自己的精神去接受腐烂的支配的社会意识，但这是很毒恶的，因为它不许你有获得一个正确认识的工具的机会，反从工具上解除你认识的武装。

（四）

在读书方法上，这些灵物崇拜者自然不是主张随便去读、胡乱去读，就是所谓客观的态度，把维太命和砒霜一齐摆在你的面前，随你去检。这种方法，在今日中国的大学中还是通用的。譬如讲什么是资本，就把世界各国过去以及现在的经济学家的解释“不加己见”的一概罗列出来，没有批评也没有结论。据说，“那结论是让学生去作，因此可养成他的判断力”。不过，这客观主义实在也还是一个欺骗，因为即令你真的无偏袒的介绍各家的学说，但真正的真理却只有一个；你容忍虚假与真理并肩存在，本身你也就是袒护虚假，不过，在外表上装作公正罢了。

这些方法，明明对于初接近书本的人是有害的。

今日的书是这样多，今日社会生活又这般忙，这些乱碰和客观主义者，无疑的是在和大家开玩笑，不！是在引了那些侥幸从生活奋斗中走近书本子的人，使他在书本子上兜圈子，故意滥费他们的有限的时光，使他们结果一无所得；于是“学者”永远是在万人之上的学者、文化花园里的金葫芦，永远在装饰支配者的庄严的殿堂。

这是少数聪明人对于大多数“愚民”对认识方面布置的最后的一道电网，不使你轻易看见太阳，壮大你的生活抗争力。

（五）

然而，到了近代或者说今日罢。从物质生产力的飞进，因而大众在生产中的训练，从书籍出版容易，出产量的增多与极少数天才的大众的著作者的出现。无论在实践社会生活中，或意识上，真理与虚伪是顽强的在对抗的。多数总是代表真理的方面，在为真理而奋斗，而合于实践的每每就是近于真理，反之，虚伪总不敢与实践见面，它总要离开地上，说一些不着边际的话，掩盖真实。这样一来，随着社会意识的分裂与抗争，而对于书的观念，及读书的态度与方法也就完全取了另一种新的姿态了。

“书”的神秘性，在这群从实生活中醒觉过来的人，自然要被抛弃了。他们在“书”中看不出“千钟粟”的影子，也看不见“颜如玉”的佳人。他们只知道书是可以作为认识的一种工具，是解放自己锁链的巨斧。对于文绉绉、洋派头的读书人也不见得有什么可以尊重的地方，咱们还不是一样的人吗？只要是人都有求知识的需要与权利，都有要求读书的必要。是的，为了生存，为了生活向上都要如此。这有什么神奇足讲呢？哈哈！咱们蛮人说句蛮话，什么“纯粹的知识”“为学问而学问”，那不过是骗骗孩子的话，你真的相信吗？

是的，我们要读书，可是我们读书的机会还不多，我们还没有很良好的读书的条件。这条件还要我们自己去创造啊！但是，在这没有良好的条件前，我们不能等待，也还得奋斗，在一面为自己生活挣扎，一面去利用一分时光一秒时光去接近书本子罢！我们也不必羡慕什么学府，也再不要幻想明窗静几，我们只能就目前条件所许可的去挣得一分是一分，挣得一点是一点。好在认识的最富的源泉是生活，读书不过是一方面罢了。

自然，这一方面也是丝毫不能忽视的。我们要把这项要求扩大到最大限度，推广到各角落里去。

是的，我们要读书，可是我们可读的书还不多。这是因为我们群团中的人，大多数都是文盲，不能用笔说话的缘故。同时，我们自己没有印刷所，不能印出我们自己要读的书籍。所以，现在的书籍，根本就好多不是我们要读的，它对于我们不能供给什么，不能加强我们的生命素、热力。有的还带有酒精的烈性呀！

这里就发生了选择食粮的问题了。我们今日读书，就要和在河沙中淘金一样，我们吸取某一部分、弃掉某一部分，不能饥不择食，一下连沙吞到腹内去。所以，在今日我们这班人，有了读书的热情固然可佳，但不对饮食加以注意，不细心的咀嚼，也还是会得胃病的呀！

为了我们时间的经济，为了不将毒物、沙石一并吞到肚子内去，我们对于读书的方法却不能不讲求了。这里没有时间来“胡乱的读”，也不能采客观主义。老实不客气，我们读书的方法，在外表上好像完全是主观的。不过，我们自己是代表时代朝气的，代表求真理实现的社会层，所以我们的主观本身就是合于客观实践的。这主观既然是通过客观的，所以它不是玄学法，不是机械的客观主义，而是正确的科学法。

我们不盲目信赖书本子，同时丝毫不忽视书本子上理论的可贵。我们在读书时不离开实践，我们在实践中不忘记理论。我们是把理论同实践综合、统一，融成不可分的一体。为了生活的实践出发我们来读书，读书是为了争强自己的理论，再去指引我们的实践的行止。我们认识是循着这样圆周的返复的轨道而扩大，我们离开这一轨道就不能达到我们要达到的目的。

（六）

努力舍弃对于书本子的灵物崇拜性罢！

从速建立一个新的读书态度罢！

谨慎的摄取书中的维太命罢！

勇敢的运用科学的认识法罢！

我最诚恳的告诉本文的读者，在今日中国的出版界，就是连最完善的书籍或刊物，也不是完全无条件可以接受的。就是我这一篇短短的小文，我都希望读者们不要盲目的信赖或超过可信赖的限度。

三个原则

伯 韩

当张三先生高调着“青年们以读现代科学书为主”的时候，李四先生上前一步，很愤慨地提出抗议，他主张“青年们应该首先读经书，把基础弄得稳固，然后才去研究科学”。

李四先生提出了两大理由：第一个，国文是各种科目的基础，但要使国文通顺，必须读经书；第二个，道德是为人的根本，但要使道德高尚，也只有读经。

张三先生笑着说：“现在的国文是白话文，不是八股文了。现在的道德是民主的，尊重独立的个人的，和从前那种片面的忠孝节义，那种奴隶道德大不相同了。读经书有啥用场？”

“白话文是由古代的文字演变而来，不读古时的经典，便不懂得白话文的来源。无源头的水容易干，没有经史来滋润的白话文一定也是枯燥无味的。”李四先生这样说。

“青年们不是考古学专门家，没有研究文字起源的学问之必要。至于白话文的枯燥无味，正是由于仍然夹带了陈死的文言，而没有完全用新鲜活泼的现代语言去滋润它的缘故。”张三答。

李四：“就算文字是有时代性，然而道德是超时空的。圣贤的道理是‘历万古而常新’的，除非实现的条件有点改变吧。所以国民道德的根本修养，在乎读古圣贤书。”

张三：“你说道德没有时空性，为什么平常人们以欺诈为不道德，而用兵的时候，却说‘兵不厌诈’呢？为什么不遵守一夫一妻制的男女关系，在文明社会为不道德，而在野蛮社会则毫不成问题呢？因为生活方式改变，古来的道德，到今日已经只剩得空洞的教条。实质上封建宗法社会的愚忠愚孝，完全是反映等级制的无视卑幼分子人格的奴隶道德，到了民主的现代，谁还去遵守呢？而且，中国人素来缺乏的公德心，只有在集体生活中去培养出来，不能靠书本子啊！”

李四：“总而言之，没有过去，就没有现在，不接受先哲的文化遗产，就不能复兴中华民族的文化——”

张三插说：“晓得了！你这是把青年们当做专门学者了吧？人家还不曾具备科学的基本知识哩！”

谈话暂时中止了。

张三：“现在再讨论一个问题。假使我们暂时搁开古书不读，专读新书，是不是也应当有个选择呢？”

李四：“那是当然的。书籍如此地多，科目如此地繁，假使要门门知道、件件精通，那怕我们有两百岁的寿命，也办不到。”

张三：“那么，我们怎样选择呢？”

李四：“据我看来，选择有两个步骤。第一步是科目的选择，选定一门学问，范围越狭越好。譬如我选定了法国文学，我自然不但不要去读什么科学哲学的书，而且连法国以外的文学书都可以不读，只要拿起法国的文学书就够了。第二步就是书籍的选择。在同一学问中间，必读的基本书也不过少数的几部，其余都可以作为浏览的补充读物或参考资料。譬如就在法国文学当中，只要把几部代表作仔细地读了，其余的随便看看就行。青年们一开始就是这样做，还怕没有工夫读书吗？还怕将来不成为专门名家吗？”

张三：“关于书藉❶的选择，大体上我同意你的话，但是关于科目的选择，我可不能赞同了。初步学习的时期，我们需要涉猎到各方面，无论是自然科学、社会科学、哲学、文学，各种学问，都要晓得一个大概，因为我们做人是需要有各方面的常识，而且即使要能够成为专门学者，也必须有宽广的常识基础。假使如你说的，从来不曾涉猎过各种科学的普通知识，一开始就专读文学，而并对于文学的各方面常识也没有，就专读法国的文学，这样，不但是会养成一种非常狭隘的偏见，而且连所谓法国文学也未必能够懂得透澈。因为文学是表现人生的，而人类生活是多方面的。而且，学术的对象本来是整个的不可分解的，所谓分科，不过是为着研究的方便而已。我们只有当常识大概已经具备而需要深入地研究的时候，才用得着专读一种科目的书。”

李四：“照你的话，在开始学习的期间，就要把自然科学、社会科学、哲学、文学等等的书同时并读，这难道一点毛病都没有了吗？请问一个小学生能不能读得懂一部哲学概论呀？”

张三：“这又是另一问题了。小学生不仅懂不了哲学概论，就是社会科学概论、自然科学概论也是看不懂的。但是，把学习的资料，由浅而深地排列起来，学习时先从具体事实的直观出发，而后进于抽象的思维，无论什么都可以一步一步地懂清楚。自然照这个原则，哲学书应该比较后读，科学书应当先读，自然科学应当更比较地在先。但是，当我们读了哲学书，即对于思维的法则有一点把握的时候，回头

❶ “书藉”，当为“书籍”。——编者注

再来读科学书，必定会有进一步的了解，所以这个先后又不是机械的。”

我们的研究原则由这个谈话中得出来：

（1）由现代而及于古代；（2）由一般而进于专门；（3）由具体而进于抽象。

给失学的人们

章乃器

亲爱的朋友们，我希望你们前进！

说到前进，有许多人也许以为我要摆出“成功人”的架子，希望你们“往上爬”，做一个“出人头地”的人物。

但是不然，我现在根本不希望你们去做“自私自利”的成功人，在一个社会里产生少数的成功人，那个社会就有出路吗？在中国，大大小小的成功人也不算少，然而人民只是加速的贫穷化。就在一般人所“艳称”的英美和日本，成功人辈出，然而社会也都在悲惨的恐慌中间，多数人都在饥饿和半饥饿中间。成功人能使社会得着出路吗？

个人主义的时代过去了？“个人的成功就是社会的幸福”，那是过去时代的话。在目下，个人的成功往往反只是社会的灾祸。只有在社会的出路中间找求个人的出路，只有在为社会而奋斗的过程中希望个人的成功，那种出路和成功才有历史上的地位。就是现时代的所谓成功，不能拿自己所得的荣誉和幸福来测量，而要拿社会所受到的利益来测量；个人的成功不能代表社会的幸福，而要以社会的幸福表示个人的成功。

所以，我不希望你们去做自私自利的一般人所谓的成功人，而去做为社会谋出路、为人群谋幸福的成功人；希望你们不要再梦想自己的高楼大厦、美妾娇妻和绵绣粱肉，而要去设法使大家有事做，大家有饭吃。“一将成功万骨枯”，固然是要不得；在别人的汗血中间酝酿出来的自己的功业，在贫穷的大众前面夸耀自己的威风，良心上固然觉得过不去，为前途设想也恐怕不久长。

然而，许多青年们却就因为想到这种种，觉得“努力”是没有意义，因此便颓丧下去，消沉下去，堕落下去。这又是一种很不正确的自暴自弃的人生观。

我想，有一点我是可以大胆的贡献给你们的：你们尽放心在读书的一条路上前进。可是，读书也依然不能忘记了上述的前提。

“书中自有万钟禄，书中自有颜如玉。”这种为“黄金与美人”而读书的时代必然是过去了。“一卷在握，怡然自得”，学成之后，更可以“啸傲山河”，这种“为读书而读书”“为享乐而读书”的时代也过去了。

现时代的读书，是要明白自己在历史上和社会上的地位，为要认识自己的时代和社会；是要以社会一分子的资格，去找求走到新时代的一条路。

倘使我们读历史，而不过是去参悟汉高祖怎样去对付他的下属和他的敌人，以作我们自己立身处世中应付环境取得成功的标本，那就是个人主义的读书。我们必须研究人类社会是如何的演变，各国革命是如何的完成，和各种民族是如何的取得解放。因此，我们可以了解目下的大众，要如何的争取他们的出路，然后我们读历史的动机才是现代的。“举一反三”，读书的意义就可以明白了。

亲爱的朋友们，你们前进，在前面新时代的原野中间建立起来你们的基础，而不要想在脚底的沙滩上面筑造起来你们的高塔！你们就在读书中间开始你们的途程吧！

拿些什么给大众读

征　农

大众文化运动，到现在，已不是空口谈大众要不要读书，或者大众应该读什么书的时期，而是拿些甚么给大众读的时期了。

我们只要稍一留心，就可以看到成千成万的失学青年、店员学徒等在那里迫切地要求着自学。他们有的是想懂一点社会科学，也有的是想知道一点文学，但不论是什么，当他们真的问我们要书读的时候，我们必然要很难找出回答。即使勉强介绍他们一两本书，结果也要费力不讨好，等他们读过后，一定要回答我们一个“没有味道”，或者是“看不懂”。——这种现象，是出版界和著作者们统要负责的。

出版界从来就不曾替大众打算过！《四库全书》有人翻印，《图书集成》也有人翻印，世界古典名著的介绍，虽然不是系统的大量生产，总算还不寂寞，但却不见有人肯有计划的出一大串大众读的书。

著作者也是这样！固然有不少曾经想到过大众，曾经想介绍点大众需要的知识的作家，但他们却不耐烦去知道大众到底能够读些什么，他们往往只图自己的痛快，不顾大众的胃口。于是搬场一样只从外国书本上，搬到自己的笔下来，不管他们是怎样的努力，大众终于无福消受。自然有人是要提出大众的文化程度太低弱，甚至一门学问根本只有上等人配研究的这些理由来解释的。不过，这些理由，已经太不够时髦了。如果不是坐在太师椅上读书的人，是不会相信这鬼话的。

制造一大串大众能读得懂的书籍，是当前最重要的工作，也是最艰苦的工作。一个科学家，如果要写出一本通俗科学书，他不仅自己要切实了解那一门科学，并且要能溶化那里面的一点一滴的真理，使科学上的专门用语，变为大众的用语；也不仅要有丰富的科学知识，而且要具有卓越的创作天才。高尔基就为这事担心过，他说：

要有真正的科学家和才具高超的作家底合作，我们才能够从事出版以艺术手腕传布科学知识的书籍。

在目前，有许多进步的科学家对于这工作已经在开始尝试了。文学名著的改编，科学小品在几个期刊上并建立了它独特的地位，这自然是非常好的现象，但我们怎样也不能达到这里就止步。从目前产生的一些科学小品文看来，不客气说，实在还留下了许许多多急需补正的缺陷。譬如，就技术上说，有很多的科学小品文，因为作者的艺术手腕不灵便，不是公式似的流于枯燥，便是使形式妨碍了内容，不能把读者的注意力引进到那作品所要表现的内容上去。这，固然是我们所要求每个前进科学家的深切注意的，但我们却不能因此过于责备科学家。

人决不是万能，专靠科学家一拳一脚去打出天下，乃是一种空想。传布科学知识的症结，实际上也并不在这里。

因此，我们应该不要忘记高尔基的提示，我们要求真正科学家和才具高超的作家合作——饥饿的大众，是如何在等待他们赐给知识的食粮呵！

说读书

——叶青批判

漆雕华

（一）写这篇小文的理由

昨阅《教育杂志》第二十五卷第三号，得悉何炳松诸君子正在努力提倡“读书运动”；我虽非学者文人，但也颇喜欢读书，对于“读书问题”之讨论，自然感到非常大的兴趣。所以拿到了该杂志便一口气将“谈读书”问题的鸿文都拜读完了。

对于樊仲云、陈高傭学者等的鸿文，虽非“游夏不能赞一词”，但我也不愿意多费功夫来饶舌，因为我相信一般的读者对于他们的卓见一定能够透视，至低限度也不会陷入五里雾中；唯有叶青先生的卓见则不能不加以简单的批判。这是因为叶青先生是挂着“科学”或者“物质论”的招牌在贩卖观念论与机械论的赝货，尤其是他老是涂着二十世纪的脂粉在引诱一般青年学生向古代大开倒车！

“现在我们就直入本题”，按照叶青先生所分的次序加以简单的批判吧。

（二）为什么读书

叶先生认为读书的目的就是：“接受知识”与“创造知

识”。这个目的就是他从许多答案中抽出来的共通点，也就是他老先生应用着倍根❶的方法，在特殊中求到的普遍的真理。

但是，怎样去“接受”与“创造知识”呢？叶先生告诉我们是：“温故而知新！”

他说：“一切新知识都是旧知识中新的萌芽之生长。把它扩大而成为一个体系，性质就变了。这不是在书中去找么？”所以读书的目的就是“在书中学得知识”。

总括起来，叶先生认为，读书的目的就是：“接受知识”与“创造知识”，也就是“学得知识”；而学得知识的方法则是：“温故而知新！”

这是很明白的，他骨子里的意思就是要青年们读古书、遵古道，“服尧之服，诵尧之言”；当然，更希望一般求学的青年穿二十世纪的西装革履大做其复古运动的勾当！

这样错误的高见实在是无须多加批判的，我相信一般头脑稍为清楚的青年总可明白人类的知识，不但不是完全从故纸堆中产生出来，尤其不是完全在书本上“学得”的。因为书本上的“知识”不一定能够适合我们的时代的需要，所以我们断不能无条件的去接受旧的“知识”。我们纵不抱“尽信书不如无书”的态度，但对于故纸堆中的知识，总得加以扬弃之后才能够接受。这就是说：我们对于故纸堆中的落后的不合时代需要的知识要完全舍弃，而对于尚能适合时代需要的知识，则要批判地接受下来，而且要将它置在新的基础之上加以发扬。这不是“把它扩大而成为一个体系”便可以了事的，而是要经过扬弃的。叶先生认为“把它扩大”“性质就变了”的卓见，完全是机械论的。

❶ 今译为“培根”。——编者注

同时，我们又要知道："知识"的"创造"是与社会的实践有密切的联系的。换言之，就是："创造知识"的过程即是人类社会劳动及一切社会实践的过程，绝对不能局限"在读书为学得知识的一个公式"中去"创造知识"。所以叶先生认为读书便可以"创造知识"，完全是学院派的见解，也就是足不出户而知天下的老调！

（三）读什么书

叶先生在这一段里面，又说了一些似乎与上面所指出来的"温故而知新"的卓见有互相矛盾的地方，因为他也说："古书在现在的问题，是整理，把它当作文化史研究，此外就无补于实际了。"但是这是叶先生的烟幕弹呀！他企图在这烟幕弹掩饰之下，去达到上面已经揭破的复古的目的，因为只要一般求学青年接受了在第一个问题上的催眠术，便必然会自然而然地走上"一心专向圣贤书"的古道。况且叶先生说了"什么是大家都需要的书呢"以后，便模棱两可地说经史子集里面"就历史说，在普通的意义上已学过了，在专门的意义上则没有一般性"哪，"就文艺说是专门的，属于中国文学系的范围"哪。……这些话的根本意思就是：如果尚未"学过"二十四史的人们则应该去学，而"文艺"则是咱们中国的特产，而且是"在专门意义上""有一般性"的宝藏，一切求学的青年都应该读破万卷，尚友乎古代的文人。

叶先生除放了一个烟幕弹以外，又发挥了任曙先生在中国经济问题上炫耀过的"外铄"论（请参看任著：《中国经济研究绪论》）。叶先生说："……接受过去的知识在中国就是外来的知识了。"在这一点上叶先生完全忽视了现代中国"知识"

的发达与本国社会实践的关联，他仅仅知道了东西洋文化对于中国“知识界”的发生了深刻的影响，而不知中国“知识”的发达不能与实际的社会生活游离。

叶先生自己问道：“我们究竟要学得那一种知识呢？”他马上答道：“在我看来以为是哲学。”他说哲学是有一般性的东西，是大家所需要的“知识”。

关于这一点，乍看起来好像没有什么问题，但若进一步去考察一下，则马上可以明白叶先生依然地以学院派的观点来解决这个问题，他老是企图在“读书问题”中求出一个“放诸四海而皆准”的原则来，完全漠视了实际的情形。他仅仅知道了哲学能提供研究各科的方法，或者提供“目的意识性的理论”，而完全忽视了哲学以外的政治经济及变革社会的政治理论。他更不晓得一般没有功夫“坐在亭子间”研究理论的人们（《二十世纪》诸君子是主张“坐在亭子间”读书的，请看该志的《答复理论与批判》一文），尤其是一般在实际生活中奋斗的劳苦青年有首先学习政治经济学及政治学的必要。在这里，我不是和叶先生仅仅争论次序的问题，也不是否认哲学之重要，而是要指出叶先生引导一般求学青年逃避实际生活的企图！

其次，即退一步来说读哲学书的问题吧。

在表面上看起来，叶先生并没有明白说出要大家读“什么性质”的哲学书或者说“哲学中那一派底著作”，但实际上他已偷偷摸摸地替一般的读者规定出来了。他肯定了“所谓归纳法”即是“认识论中的经验论和感觉论底具体形态”，即是承认了归纳法为认识论的全部，只要有了归纳法便可以研究一切的学问。科学的辩证法则被他老先生故意置诸脑后而不提了。

这一来，叶先生之为机械论者倍根之信徒这回事，又得到了一个明证。

另一方面叶先生又表现出其与生物学主义有血流的关系，他不但肯定了进化论“有成为向导原理的价值”，而且肯定了“生物学”在哲学上“有观点作用”。

(四) 怎样读书

叶先生把“读书的方法”“分成四部分来讲”。

“第一是学”，“就是要从书中去求得一些东西”；

“第二是思”，就是“把书中所说的拿来想想”；

“第三是写”，“写就是写笔记”；

“第四是用”，即是“温习”，“把读后的书拿来写”或者“把读后的拿来引用”。

前两部分的卓见就是孔夫子的“学而不思则罔，思而不学则殆”的名言，也就是叶先生从圣贤书中接受下来的方法。他根本就忽视了社会的实践在获得知识过程上的重要性，他企图将全国求学的青年都关在书斋中去读死书，死读书，离开实践去冥想，直到读书死为止！

第三与第四部分同样的是不正确，但因为限于篇幅，不再加以批判了。我希望读者自己去指正！

总结起来，我认为：

(1) 我们为着要理解现代社会及坚定自己的世界观而读书，接受古旧的知识尚在其次。

(2) 我们根据着实践过程上的需要，一般的说来应该先学政治经济学及政治学，其次再进一步去研究哲学问题（当然这个规定是相对的，而且是暂时的）。经史子集则无须乎去读！

（3）最后，理论与实践是统一的。我们要获得知识，万不能与社会的实践游离；我们要在活生生的实际生活中去求知，更要从根本上去解决我们读书的问题！

颜李学派之读书论

曾聚仁

……试观今天下秀才晓事否？读书人便愚，多读更愚；但书生必自智，其愚却益深。

——颜元《四书正误》

……读书愈多愈惑，审事机愈无识，办经济愈无力。

——颜元《朱子语类评》

（一）

在沪杭车上，新近遇到一位劝人读书的说教人，他告诉我“开卷有益”的古训，他劝我熟读朱熹的《四书集注》。我请教他：“焦循、刘宝楠的《论语正义》《论语集解》《孟子正义》比《四书集注》何如？”他说他不认得焦循、刘宝楠，他又说他自己读过《诗经集传》（朱熹）、《尚书集传》（蔡沈），但是他又不认识孙星衍、陈奂。他自己大概是从来不开卷的，可是他爱劝人开卷。后来他和另一车客谈起麻将经来，那么头头是道，津津有味，我不禁肃然起敬；他的“有益”，既完全在“中”“发”“白”上头，自然非把开卷的事交给比他年青的人不可了。我手边刚好拈起颜习斋的集子，我心里想那位说教人不知除了开卷有益的老话以外，还知道世间另有“开卷有害”的话头否？因为我不爱对牛弹琴，也就不把颜李学派的道理说给他听。

我们浙东学派各流派，一向不大重看书本上的知识。北宋王安石，南宋吕祖谦、陈同甫、叶水心都把学问看作解决民生经济的实际方案，又把学问看作方案实施的历程报告，离开社会实际问题就无所谓学问。所以王安石行新政，司马光引经据典那样君子小人说了一大堆，还经不得王安石“不恤国事，同俗自媚”八字的批评。由千载后的我们看来，像司马光那些人，救国不是，误国有余，都是那些圣经贤传害他们。清初学者如顾亭林、黄黎洲[1]，也叫大家去注意当前的社会问题，谓：“孔子删述六经即伊尹、太公救民水火之心，故曰：‘载诸空言，不如见诸行事。’”（顾亭林《与人书》）人总是皮包骨头，有感情有理智的。生当乱世，要叫大家忘记眼前的痛苦，不关心身边的问题，事实上本不可能；叫青年从街头回到书斋，爬到云端里去做梦，更非情理中应有的事。浙东学派反空想而主实用，轻书本而重实践，至少对于现今这社会是一剂对症的药。

憎恨书本上的呆板知识，把“开卷有害”的话说得最透辟最明快的，莫如颜李学派两大师——颜元、李塨。颜习斋的一位门生把《中庸》“好学近乎知”那句话来问习斋，习斋说：“你心中是不是以为多读书就可以破除愚见？”那人说：“是的。”习斋便说：“不然。试观今天下秀才晓事否？读书人便愚，多读更愚；但书生必自智，其愚却益深。”李恕谷也说：“纸上之阅历多，则世事之阅历少；笔墨之精神多，则经济之精神少；宋明之亡以此。”（《恕谷年谱》）这是比浙东学派更进一步的说法。

[1] “黄黎洲”，应为“黄梨洲”。——编者注

（二）

所谓孔孟之道，自来被读书种子当作护卫自己的盾牌，只要他自己有什么作用，要对青年来说教，便托之于孔孟；两汉经学家、宋明理学家以及董仲舒、赵普之类的政客，都玩过这一套手法。宋明理学家从佛教道教学得一点方法论和形而上学的理论，便把它套在儒家的思想上头，硬派孔孟是“明心见性”一路人；从《礼记》取出《大学》《中庸》，从伪《舜典》取出“人心唯危，道心唯微，唯精唯一，允执厥中”十六字的心法，硬派作孔孟的哲学体系。“涵养须用敬，进学则在致知”两句话，道问学的程朱和尊德性的陆王在致知方面意见虽不一致，对于“用敬”则完全同调的。而且程朱所谓格物致知，最初主张“吾心之明，莫不有知；而天下之物，莫不有理。惟其理有未穷，致知有不尽。……故当即凡天下之物，莫不因其已知而尽穷之，以求致乎其极”（朱子补《大学》）。后来一让步，又把格物的范围，缩小到“穷经，应事，尚论古人”三项上头，谓：“穷理亦为端，或读书讲明义理，或论古今人物，别其是非，或应接事物，处其当然：皆穷理也。”（《伊川语录》）宋明理学家教人为学，逃不出圣经贤传那个小圈子，也脱不了禅家静悟的法门。颜李学派出来才明明白白说理学家半日读书、半日静坐那是野和尚，决不是孔孟之道。颜习斋替孔孟和程朱画成两幅图画，说：

请画二堂，子观之。一堂上坐孔子，剑佩，觿次，杂玉，革带，深衣。七十子侍，或习礼，或鼓琴瑟，或羽钥舞文，干戚舞武，或问仁孝，或商兵农政事，服佩亦如衣。壁间置弓、矢、钺、戚、箫、磬、算器、马策及礼衣冠之属。一堂上坐程子，峨冠博带，垂目坐，如泥塑。如游杨朱陆者侍，或返观静坐，或执书伊吾，或对谈静敬，或搦笔著述。壁上置书籍、字卷、翰研、梨枣。此二堂同否？

《论语》一书，记载孔门师弟问答，其中没有一句空议论，也没有一件虚设事；经过习斋这样对比起来，更可以明白孔门学问的本真。所以颜李学派敢于说这样的结论："……人之岁月精神有限，诵说中度一日，便习行中错一日；纸墨上多一分，便身世上少一分。"（《颜元存学编》）"程朱……直与孔门敌对，必破一分程朱，始入一分孔孟。"（李塨《颜习斋先生年谱》）

颜李学派说宋儒如得一路程本，观一处又观一处，自喜为进天下路程；别人也以为他们晓得路程，其实他们一步未行、一处未到。这譬喻本来说得很好，不过宋明理学家还不至空疏到这样；社会上一般章句陋儒，把书本上的知识当作学问，那才真是读路程本的人。颜李学派最反对人求纸片上的知识，说："以读经史为穷理处事以求道之功，相隔千里。以读经史订群书为即穷理处事而曰道在是焉，则相隔万里矣。譬之学琴然：书犹琴谱也，烂熟琴谱，讲解分明，可谓学琴乎？故曰：以讲读为求道之功，相隔千里也。更有一妄人指琴谱曰，是即琴也；辨音律，协风韵，理性情，通神明，此物此事也。谱果琴乎？故曰：以书为道，相隔万里也。"又说："……道不在诗书章点，学不在颖悟诵读；孔门博文得礼，身实学之，身实习之，终身不懈。"读书误人，"读书愈多愈惑，审事机愈无识，办经济愈无力"。好好青年，在书堆下变成了废物。这悲哀，颜李学派是看得非常透澈的；颜习斋曾经说过一段最沉痛的话："……但于途次闻乡塾群读书声，便叹曰：'可惜许多气力！'但见人把笔作文字，便叹曰：'可惜许多心思！'但见场屋出入人群，便叹曰：'可惜许多人才！'故二十年前，但是聪明有志人，便劝之多读；近来但见才器，便戒勿多读书。……噫噫！试观千里百王，是读书人否？虽三代后整顿乾坤者，是读书人否？吾人急醒！"（《朱子语类评》）我们假使无意于躲避这现实，我们该同意他们的说法："人之认读书为学者，固非孔子之学；以读书之学解书，并非孔子之书。"我们真该："生存一日，为生民办事一日。"（《颜元年谱》）

（三）

再进一步，从圣经贤传那些纸片上打圈子的，误了自己，其害尚小，误了社会国家，其害不可胜说。颜李学派从这一点，对于宋明理学家以及一般章句陋儒有更严正的批评。习斋说："宋人但见料理边疆便指为多事，见理财便指为聚敛，见心计材武便憎恶作为小人。"又说："白面书生，微独无经天纬地之略，兵农礼乐之才，率柔服如妇人女子，求一豪爽倜傥之气亦无之。"知识分子平日对于国家安危盛衰，不闻不问，以为那是学问以外的闲事；到了危殆不可救药，也只叹息几句了事。习斋诘问宋儒：

……何独以偏缺微弱见于契丹臣于金元之宋，前之居汴也，生三四尧孔六七禹颜，后之南渡也，又生三四尧孔六七禹颜，而乃前有数圣贤，上不见一扶危济难之功，下不见一可相可将之材，拱手以二帝畀金以汴梁与豫矣！后有数十圣贤，上不见一扶危济难之功，下不见一可相可将之才，推手以少帝赴海以玉玺与元矣！多圣多贤之世乃如此乎？噫！（颜元《存学》）

我们觉得句句都是真实的话。清初，多尔衮入关，写信给史可法，说：“挽近士大夫，好高树名义而不顾国家之急；每有大事，辄同筑舍。昔宋人议论未定，兵已渡河，可为殷鉴。”这岂独宋明的士大夫如此，自来士大夫无不这样把国事弄糟了的。

颜李学派不愿意知识分子陷溺下去，不愿意痛痒相关的社会更糟乱下来，因而鼓励大家负起责任来，说：“学者勿以转移之权委诸气数；一人行之为学术，众人从之为风俗；民之瘼矣，忍度外置之乎?”（习斋语）他们所认为真正的学问，并不是读书而是切实去“习”。习斋说：“孔子则只教人习事。……吾尝谈天道性命，若无甚杆格。一着手算九九数，辄差。以此心中悟，口中说，纸上作，不从身上习过，皆无用也。”李塨也说：“圣学践形以尽性，今儒堕形以明性。耳目但用于听读，耳目之用去其六七；手但用于写，手之用去其七八；足恶动作，足之用去九；静坐观心而身不喜事，身心之用亦去九；形既不践，性何由全。”至于他们所提出的学习范围，一为《尚书》里的“六府：金，木，水，火，土，谷；三事：正德，利用，厚生”；二为《周礼》里的“六德：智，仁，圣，义，忠，和；六行：教，友，睦，姻，任，恤；六艺：礼，乐，射，御，书，数”。这些学问，一部分是道德上的实践，一部分是事业上的实用，决不是纸上看看、口头说说、心头想想所能交代过去的。颜习斋一生亲自耕田、亲自赶车，学习琴、骑马、技击、医学，研究兵法及水利，什么都是亲身做去，一毫不松弛，其精神大可佩服！

呜呼！用一个“呜呼”来收束罢。现在大家在说“开卷有益”的时候，这“开卷有害”的颜李派的主张，怕也会变成逆耳之谈呢，然而，习斋说得好：“立言但论是非，不论异同。是，则一二人之见不可易之也；非，则虽千万人所同，不随声也！”

我们应该有独往独来的精神！

二、读书方法

求知识的三条路

李公朴

知识对于我们的重要，想必大家都已知道的了。我们有了丰富的知识，才可以深刻地去认识一切真理，然后才可以依据了所认识的真理，去解决我们的一切问题。所以，无论什么人都需要知识，都应该求知识。

现在，虽然有无数人正在感到知识之急迫的需要，因而都在热烈的追求，不过他们有许多都只由于本能的激动，而不是有目的的追求，同时他们误把求知识和读书当作一件事，以为求知识的惟一法门就是读书。这原因是由于他们不了解什么是知识的缘故。读书对于求知识上固然是一件很重要的事情，但并不是说就可以包括知识。所以，求知识除了读书之外，却还有更重要的事情。

“知识”二字虽然很抽象，无声无息，但并不是什么从天上掉下来的神秘的东西，而是产生在我们的日常生活之中的。简单说，知识是我们对于外界出自身有系统的认识和应付环境而得的实际经验之总和。所以我们的求知识，是要在各人自己的日常生活中去求（读书其实应该是当作日常生活的一部分）。现在，不但有好多人误把读书当作求知识的惟一法门，而在埋头死读书、读死书，并且有许多人所读的也并不是真正的“书”！这样的求知识的结果，好点，也只是事倍功半；不好，将一无所得，或甚至于愈求反而愈糊涂——这样的情形，现在可实在不少。因此，我很愿意将我所知道的一点求知识的途径和大家谈谈。

（1）读书。求知识虽然不是只有读书，但读书，在求知识的过程中总不失为一个重要的部分。

古今来无论那一位大思想家或大科学家，没有不读许许多多的书的，而这些书中又包含着各种各类的科目。因为一个人总要受到生命上、环境上的种种限制，对于宇宙间的无数量的事物，任你怎样的努力，也是不能尽知的，而实际上也无须尽知的。因为当你要研究某项事情时，你不仅对于这项事情的本身要有多方面的了解，同时，对于和它相关连的密切事情，也需要有或浅或深的了解，然后你的研究才能深入，才能把握它的真正意义。

一个人总要受到生命上、环境上的种种限制，对于这许多方面的事情，有的曾经有过研究的，有的虽曾经验过，却还不大清楚，或甚至于完全不知道的。这时，你将怎样办呢？如果你要去请教朋友，不独是不胜麻烦，并且有许多问题是你的朋友所不知道的。那么，惟一的办法就是去请教书籍帮助你。

现在且举一个简单的例来说。比方现在的日本和苏联，在目前的中国现状说，无论谁都应该知道它们的，因为它俩是和我们最近的强邻，但你都没有到过，那你就只有去找各种记载日本和苏联情形的书来读，由书上去知道它。书能告诉你许多你所不知道的各种事情。假设，你有一个机会到日本或苏联了，你也只能知道你所到过的某一部分的情形，你如要知道它的全貌，那你又非再去请教书来帮助不可。书又能告诉你许多你已知道而还嫌不足的各种事情。

此外，凡是自然界或人类社会的一切演变发展的规律，都可从书中找得，书乃是无数前人和我们同时代人的实践经验之积聚，包含着人类全部的历史以及一切学术上的发现与发明。我们读书，便是利用前人的一切可宝贵的经验。它能鼓励你奋斗的精神，增进你修养的功夫，更能帮助你认识宇宙，认识社会，而进一步去征服自然，改造社会。

（2）读书的工具。我们无论做什么事情，总需要工具，没有工具，就无法制造。譬如木匠如没有斧锯锥凿等，无论他有怎样的技巧，决不能做出好东西；赛跑的人，如果没有一个健全的身体和一双有力而有训练的腿，无论怎样他也不能夺得锦标的。斧锯锥凿等是木匠制造器具的工具，健全的身体和有力而有训练的腿是赛跑者夺标的工具。

同样，在求知识的过程中的读书这件事情，也需要有许多工具。那么读书的工具是什么呢？读书的工具最主要而最基本的，就是普通中小学里的教科书，如国文、英文、算术，等等。

现在的青年以至一般人，往往有一种误解，就是对一个在到学校去的普通中学或小学的学生，如果有人问他到学校去是做什么，他的回答一定是“去读书”，就是那问的人也认为确是去读书。其实这是错误的。我们到学校里去还不是真正的读书，而是学习读书的工具和读书的方法，同时，也是受点初步社会实际生活的训练。在普通中小学里所读的科目，有国文、英文、数学、物理……这些东西虽然都是一本本的书，但不能算作真正的书，而只能算作各种的工具。读英文是预备日后和外人交接时能够说话，在中文书不够读时再读英文的书；读国文是预备日后能读多种的中文的书，懂得中国文章的方法，而自己能够使用它；其余如读数学、物理等，也不过是为了日后能读高深的数学、物理等书，并且能算能实验。

因此，我们应该先把工具读好，并且要训练怎样的运用它。假使你是没有正式进过学校的，或是曾经进过中小学而仍感到不足的，你就得赶快求你所需的工具知识。如有机会进补习学校最好，不能，就努力自习，随时向人请教，也是一样。不过你要分别它的轻重，先从最迫切需要的学起。

（3）实际生活的经验。人是社会的产物，无论什么人都不能离开社会独自生存。换言之，只要你是“人”，你一定要和社会发生关系；与社会的关系越密切，则你的实际生活的经验就越丰富，也就是你的知识的丰富。并且和从书本上所获得的知识不同：书是死的知识，而经验乃是活的学问。一个乡下人，他虽没有读过书，但他也能耕种，也能生存在社会上，就是因为他有实际生活的经验。所以，“实际生活的经验”是求知识的过程中最重要的一项。

就说书吧，它是“人”写的，书里所写的都是著书人的知识。我们读书就是读人家的知识。一个人幼时读书，总是绝对的信任书，以为只要是书上说的话总是对的。等到年龄渐长，有了丰富的实际生活的经验，同时读的书也越多，于是对许多书上所说的渐渐起了怀疑，甚至觉到有许多地方简直是错误的。这就因为他是凭他的经验得到了新的启发，能够判别是非了。如果他没有这些长期的实际生活的经验，他就不能有许多活的学识，用一切现实的“事理人情”来判别书上所说的话。

我们知道，宇宙间的一切事物，都是动的，不断的演变发展的；书虽是人类实际生活经验的产物，书上的知识虽可帮助你去认识社会，但社会的实际生活的经验更能改正书上的错误，或补书本的不足，也就是能使你的知识更加丰富。

再举例来说。譬如一个陌生的人跑到上海来，纵然事先他是读过甚至能背诵“上海地图”的，最多他也不过只知道一个东西南北和到什么地方应乘几路电车等等，一旦遇到一条地图上没有的小路，他就没有了办法；就是他所记熟的几条大路，也决不会没有弄错，总不及曾经在上海住过一年半载的人来得熟悉。然而反过来说，他总要比那事先未读过上海地图而单靠瞎闯的陌生人要便利得多了。所以我们应当知道，读书也是帮助经验的不足；但是如果光读死书而无实际生活的经验，是不能有进步的活的理解的。比如大发明家爱迪生氏，他一方面从书本中获得前人的经验、发明，一方面更靠着自己去实验；如果他没有一次一次的实验，怎会有这许多发明呢？所以，历来有许多人，虽是“胸罗万卷”，但因为他不去多与社会接触，不把从书上所得的知识和社会实际生活的经验的知识配合起来，结果只成了一位“书呆子”，一部活而又不能取用的“万有文库”而已。

总括起来说，我们求知识的主要条件，除了基础的工具知识以外，其次就是读书和实际生活的经验。关于读书方面，我们的第一主张是“活读书”。古人虽说过“尽信书则不如无书”的话，在原则上虽然承认“书”应当“活读”，然实际上我们的古人以及许多自命为读书者的今人，仍多是过着书斋的生活，很少与社会接触的实际经验，所以虽有活读书的理想，而结果仍不能跳出“书”的范围以外。我们看看历史上，凡是在学问上事业上有点成就的人，比如老子、孔子、孟子、墨子、司马迁、杜甫、王安石、朱熹、王阳明、文天祥、金圣叹、孙中山、康有为、梁启超、宋教仁、朱执信、廖仲恺等，他们之所以能有独创的见解，说出前人所未曾说过的话，发动了革命的思想和事业，就是因为他们都有极丰富的实际生活的经验，决不是死读书，拘泥于“书”上，而是以自己的经验与书本子融合起来，成功一种新见地，这新见地就是他们的伟大。因此我们的第二主张就是“读活书”。单读他人已有的经验所写成的书是静的书，还是不够，尤其需要的是实际生活的经验，这在前面已经说过了。如何可使你实际的经验丰富呢？那就要注意社会上一切活动的事物，这些活的东西就是活的书。比方“你”，我如果要研究“你”，那你就是我的一本活的书，我研究后所得的知识，就是活的知识。我们对于社会上所发生的问题，均应作如是观，就我们的需要与理解把它活读起来，这就叫做“读活书”。

我们看到目前社会上一切现象的颓废，不振作，好像将要死去的样子，归根的研究起来，实也未尝不可说是由于上上下下读书者死读书、读死书的人太多的结果。要挽救它，就唯有反过来请大家根本上改变过去对于读书的观念和认识，那就是要“活读书”“读活书”，然后这整个社会民族才可以慢慢苏转的“活”过来。

个人自修和集体研究

庶　谦

在我们这个尊重个人、发展个人的社会里，在读书方法上的表现，就是注重“个人自修”。

据说孔先生曾经有过三千弟子，“身通六艺”的也有七十二个。但是，我们只能够从“吾日三省吾身”和“退而省其私”一类的文字上看出他们的个人自修，却不曾听说他们在学问上有过一次怎样的“集体研究”。

现在是有了学校了，从几十个到几千个的学生都住在同一场所；听讲的时候，也是多数的学生聚集在一堂，这总算有了集团的形式了。但是，究竟仅只是一个形式，离开了课堂，全部的学生们，他们就各个孤立的干自己的去了。

在一个举行试验的课堂中，一位教师向学生们说道：“你们要各做各的。自己做出了，切不要告诉别人；各人做各人的成绩，不要把自己的本领告诉别人呀！”在我们的社会里，教师这样的去教训学生，并不是偶然的。

不过，在现在的社会里，我们想要研究的学问既然是多得很，在时间上财力上不仅是一班穷小子没有大成就的可能；就是一班阔人，要想在学问上大有成就也是千难万难的。

阔人要研究学问，他们自有他们的打算，这里也不必去管他。不过，为了一般穷小子的学问，那就只有集体研究的一法。

集体的研究，也不一定要等到有了三五十个人才能够开始，就是最少有了两个人也可以开始集体的研究的；自然，人数是多点更好。

对于一件事体，两个人分工合作地去研究，所得到的结果，便一定比两个人各自研究的多，也比两个人各自研究的好。因为在分工上省出了重复耗费的时间和财力，所以在材料的搜集和整理上，要比两个人各自去做的要多。

因为在讨论上能够引出两个人都不能想出的东西，并且又能够把不重要的乃至不正确的东西抛弃，所以又要比各人独做的结果要好。并且，个人的反省和自制是多么的靠不住；两个人合作起来，就有了相互的督促和批评，成就了只许向前不许退后的一个保证。

这只就两个人说，结果上已经较多而且较好。若是成就了更多人数的集体去研究一件学问，那种由集体的力量所做出来的成绩，更不是任何个人所能够办得到的。

因此，一般想研究学问而时间财力都不够的人们，更应该走上集体研究的道路。

凡是研究同一性质的学问的人们，从此便应该组织起来，把问题做着中心，分工合作地去干；有计划地去分地搜集材料，有秩序地来共同地开会讨论。这样才能够打破读书上一部分的难关，这样才能够看出集体胜于个人的一种力量。

一九三四，一〇，二二

读书与用书

陶行知

（一）三种人的生活

中国有三种人：书呆子是读死书，死读书，读书死；工人、农人、苦力、伙计，是做死工，死做工，做工死；少爷、小姐、太太、老爷是享死福，死享福，享福死。

（二）三帖药

书呆子要动动手，把那呆头呆脑的样子改过来。你们要吃一帖“手化脑”才会好。我劝你们少读一点书，否则在头脑里要长“痞块”咧。工人、农人、苦力、伙计要多读一点书，吃一帖“脑化手”，否则是一辈子要“劳而不获”的。少爷，小姐，太大，老爷！你们是快乐死了。好，愿意死就快快的死掉吧。我代你们挖坟墓。倘使不愿意死，就得把手套解掉，把高跟鞋脱掉，把那享现成福的念头打断，把手儿脑儿拿出来服侍大众，并为大众打算。药在你们自己的身上，我开不出别的药方来。

（三）读书人与吃饭人

与“读书”联成一气的，有读书人一个名词。假使书是应当读的，便应使人人有书读，决不能单使一部分的人有书读，叫做读书人，又一部分的人无书读，叫做不读书人。比如饭是必须吃的，便应使人人有饭吃；决不能使一部分 的人有饭吃，叫做吃饭人，又一部分的人无饭吃，叫做不吃饭人。从另一方面看，只知道吃饭，不成为饭桶了吗？只知道读书，别的事一点也不会做，不成为一个活书架子吗？

（四）吃书与用书

有些人叫做蛀书虫。他们把书儿当作糖吃，甚至于当作大烟吃。吃糖是没有人反对，但是整天的吃糖，不要变成一个糖菩萨吗？何况是连日带夜的抽大烟！怪不得中国的文人，几乎个个黄皮骨瘦地像鸦片烟鬼一样。我们不能否认，中国是吃书的人多，用书的人少。现在要换一换方针才行。

书只是一种工具，和锯子、锄头一样，都是给人用的。我们与其说“读书”，不如说“用书”。书里有真知识和假知识。读它一辈，不能分辨它的真假；可是用它一下，书的本来面目便显了出来，真的便用得出去，假的便用不出去。

农人要用书，工人要用书，商人要用书，兵士要用书，医生要用书，画家要用书，教师要用书，唱歌的要用书，做戏的要用书；三百六十行，行行要用书。行行都成了用书的人，真知识才愈益普及，愈易发现了。书是三百六十行之公物，不是读书人所能据为私有的。等到三百六十行都是用书人，读书的专利便完全打破，读书人除非改行，便不能混饭吃了。好，我们把我们所要用的书找出来用吧。

用书如用刀，
不快就要磨。
呆磨不切菜，
怎能见婆婆？

（五）书不可尽信

孟子说："尽信书则不如无书。"在书里没有上过大当的人决不能说出这一句话来。连字典有时也不可以太相信。第五十一期的《论语》的《半月要闻》内有这样一条：

据二卷十二期《图书评论》载：《王云五大辞典》将汤玉麟之承德归入察哈尔，张家口"收回"入河北，瀛台移入"故宫太液池"，雨花台移入南京"城内"，大明湖移出"历城县西北"。

我叫小孩们查一查《王云五大辞典》，究竟是不是这样。小孩们的报告是《王云五大辞典》真的弄错了。只有一条不能断定：南京有内城外城，雨花台是在内城之外的，但是否在外城之内，因家中无志书，回答不出。总之，书不可尽信，连字典都不可尽信。

（六）戴东原的故事

书既不可以全信，那末，应当怀疑的地方就得问。学非问不明。戴东原先生在这一点上是给了我们一个很好的引导。东原先生十岁才能开口讲话。大学有经一章，传十章。有一条注解说这一章经是孔子的话，由曾子写的，那十章传是曾子之意，由他的门徒记下来的。东原先生问塾师怎样知道是如此，塾师说朱文公（夫子）是这样注的。他问朱文公是何时人，塾师说是宋朝人。他又问孔子和曾子是何时人，塾师说是周朝人。周朝离宋朝有多少年代？差不多是二千年了。那末朱文公怎样能知道呢？塾师回不出，赞叹了一声说："这真是个非常的小孩子呀！"

（七）王冕的故事

王冕十岁时母亲叫他到面前，说：“儿呀！不是我有心耽误你，只因你父亲死后，我一个寡妇人家，年岁不好，柴米又贵，这几件旧衣服和些旧家伙都当卖了。只靠着我做些针线生活寻来的钱，如何供得你读书。如今没奈何，把你送到隔壁人家放牛，每月可得几钱银子，你又有现成饭吃。只在明日就要去了。”王冕说：“娘说的是。我在学堂里坐着，心里也闷，不如往他家放牛，倒快活些。假如我要读书，依旧可以带几本去读。”王冕自此只在秦家放牛。……每日点心钱也不用掉，聚到一两个月，偷空走到村学堂里，见那闯学堂的书客，就买几本旧书，逐日把牛拴了，坐在柳阴树下看。

现在学校教育是对穷孩子封锁。有钱、有闲、有面子才有书念。我们穷人就不要求学吗？不，社会就是我们的大学。关在门外的穷孩子，我们踏着王冕的脚迹来攀上知识的高塔吧。

《“读死书”“死读书”“读书死”通吗》通吗？

洞　若

最近在《教育杂志》第二十五卷第三号读书问题专栏内，看到张耀翔教授《“读死书”“死读书”“读书死”通吗》这一篇文章，觉得在读书运动声中，张先生拿住这一个问题来讨论，是非常应时，非常聪明，而同时是有它很大的意义和作用的。张先生是个心理学教授，是我们大家都知道的，我为张先生着想，很希望张先生多去做一点在他那篇文章里所述的工作，如读一遍学生字典、编中国识字测验啦，读一遍《辞原》去收集杂音专门名称啦，或者是细读《北平电话簿》一遍去写《北平商店之招牌》那样的大文。所有这些工作，也许都做得不坏，可是说句不客气的话，张先生一跑到心理学以外的理论领域来，就不得不显得外行了（不消说，就是张先生所朝夕从事的心理学的研究，也是值得我们探讨批判的，虽然张先生本人并没有独立地积极提出什么主张）。然而张先生毕竟这篇文章是不得不写的；张先生的大学教授的地位，决定他不得不如此做呢！当然，张先生是会极端憎恶我如此去理解他行为的动机，但在我却认为这是事实，不得不顺带地指明出来。关于这一点，这里暂且不必多说下去了，我们还是言归正传地讨论讨论张先生所提出来的几个问题吧。

我不知道首先在那里高声大叫“读死书”“死读书”“读书死”的那一班人是怎样讲的，我只觉得张先生的反对论调是太可笑了。《周易》《尚书》《毛诗》《礼记》这些古书，我想谁也不至于否认在历史上的价值，而说它是一部绝对无用的书；然而必需注意的，就是它只有历史上的价值。在一个研究古代历史的人手里，在整个人类或中国社会发展史的理解上，无疑地它是有其功用或价值；但在现在还要怀着以半部《论语》治天下的梦，像张教授所肯定的“但历代都有人用来正心、修身、齐家、治国、平天不，且具莫大成效；就在今日还有不少的人在计划或已实行如此用法”这种话，进化先生就不得不叹服张先生的愚味和无知了。中国目前是怎样一个中国，中国目前处于怎样的国际环境？四书五经所代表的是什么样一个时代？我们当前的时代和那时代有什么不同？在我看完了张先生的文章以后，我不得不说张先生是不理解的，同时也是不肯理解、不能理解的。

然而可怪的是，张先生却偷来了达尔文“适者生存”这一个原则，来掩饰他自己的无知。你看，他说得多末[1]巧妙。

假使我们拿适者生存这原则来作价值的标准，似乎书愈古，它的价值愈来得高；因为它能长期抵抗以前，同时及后起无数和它竞争的书。它会经万劫而不淘汰。风行一时的书，未必风行百世。时髦的理论（尤指幼稚科学中之理论），往往像时髦的汽车和服装，过几年要坏，要落伍的。后之视今，一如今之视昔。

这真是要命，达尔文若是在地下有知的话，他会哭笑不得呢！如果仅仅因为四书五经到现在还留存着，便沾沾自喜以为这是最适者，这是最高价值的东西，那末地底下挖掘起来数万万年前的爬虫类化石，也可以口眼张开笑着说（可惜已经张不

[1] “多末”，今作“多么”。——编者注

开口眼。成了化石，笑不起来了，假使它原来就会笑的话）：“我是世界上最适者了！”不是吗？我们的四书五经有它古吗？而且人们是多末小心谨慎，比珍藏古书还宝贵似的将它放到古物陈列所去呀！但爬虫类倘若真的是最适者的话，地球上根本也不会容许人类存在了，更不会有什么张耀翔在那里当大学教授。

我不得不再说一遍，四书五经的历史价值是谁也不能否认的，这就好像每一个有头脑的人不肯去否认古爬虫类化石在我们地质学家、生物学家进行古生物和地质研究的价值一样。我们可以说：四书五经便是中国古代社会历史的化石。即使事实上要求我们承认，理解人类自身的社会比理解古生物和地质学更要紧，因而我们肯定四书五经的价值比古代爬虫类化石的价值来得大；这也完全是出于事实上的要求、我们自身利益的要求，与张教授所提出来的古不古这个标准是无丝毫关系的。

至于“风行一时的书”，张先生认为未必“风行百世”，这是的的确确的；但为什么一定要风行百世呢？风行一时也尽够了。它之能够风行一时，也正是有其历史上的必然的；它会从历史上的必然取得历史上的价值和地位。只有历史停滞在某一个阶段上的时候，适合这一个历史阶段的观念形态才会被当时的人认为放诸四海而皆准，搂诸百世而不惑。“时髦的理论”所以“往往像时髦的汽车或服装，过几年就要坏，要落伍”者，便是由于近百年人类历史所起的变革大过那以前数千年所起的变化的总和的结果。历史进展到资本主义这个阶段，前进的速度，是过往历史上任何时期所不能企及的。随着生产力和人类关系不断的扩大和开展，它不断地要求新的观念、新的刺激产生；随着生产关系之内部矛盾的加深，代表对立的生产关系的集团不停地要求新的理论作支柱。这一切急速的变革都不是资本主义以前任何时代所能有的，因而在这些时代，无论是技术或理论方面存在的年代都要显得格外悠久；然而我们是不是因为蒸汽机关的火车，会在不久的将来为别的机车所替代，因而从它存在的短促来断定不如存在过几千年的独轮车呢？这样一个错误的结论，也许只等待张耀翔教授去做吧！

张教授将历史的存在与现实的存在混为一谈，因为每一部书都有它历史的价值便断定了天下没有死书，这用意无非将历史的存在来混淆现实的存在，将死去了的意识来模糊活人的头脑而已。老实告诉张先生，一切存在都有它存在的理由；可是当那存在的理由消灭了的时候，不管你拿出怎样唐·吉诃德先生的努力，都是徒然的。

凡是离开我们现实生活，脱离我们现实存在，并且是阻碍我们现实生活的前进，戕害我们现实存在发展的书籍，我们都有理由说它是与我们生活无关的死书。说得更明确一点，中国目前正处于资本帝国主义的铁蹄统治下面：最大多数的劳苦大众陷于水深火热的状态了；一切模糊大众反对帝国主义意识，阉割大众反对帝国主义情绪的书籍，我们都有理由可以说它是死书。反过来，凡是真正帮助我们大众求得生存、民族求得解放的书籍，我们都有十足的理由，可以说它是好书，是活书，是指导我们行动的理论，是帮助我们获得自由解放的南针❶。

只要我们不愿意当资本帝国主义统治下的奴隶，只要我们不愿意脱离站在死亡线上的争斗、求生存求解放的劳苦大众的立场，我们都得站在时代的意义上宣告那些脱离时代的书籍是桎梏我们的死书；为着忠于我们的时代任务，我们必需说这一

❶ “南针”，当为“指南针”。——编者注

个死书与生活书的标准是绝对的。

那末作为张耀翔教授宣告“读死书”不通的另一个例证——字典和电话簿，究竟是不是绝对的死书呢？或者是像张耀翔教授所称的有用的活书呢？这个问题，我们是应该分别来考察的。很显然地，一本字典在一个会查字典、需要查字典的人手里，一本电话簿在一个需要打电话的人手里，我们都得承认它是一部有用的书籍；至于字典到了张教授手里会作为编心理测验的资料，电话簿到了他手里会作为一种特殊研究对象，那有用是不消说得的。但是字典在一个不识字的人，或者是不需要查字典的人手里，换句话说，当字典、电话簿和我们生活没有关系、没有交涉的时候，我们却在那里死读，这能不算是读死书吗？所以对于特定的个人的生活不能发生影响、不能发生作用的书籍，在这一个特定的个人看起来，它便不能不算是一本死书。我们绝不能因为张耀翔教授读了一遍字典编心理测验，字典对于张耀翔教授有了用处，就连我们在不需要用字典的时候，拒绝别人——譬如就是张耀翔教授吧——强迫我们或鼓励我们读字典的勒令或劝告，说一声“我不要读这个死书”的权利也丧失掉了。张教授从他自己个人生活的特殊要求，来达到对任何个人、在任何时间、任何地方都无死书的一般结论，实在是非常蠢笨的。张先生忘却了像他那样当心理学教授的人，要在三四百万中国人当中，才有他一个呢！

这里，很显然地张先生又犯了一个绝大的错误：他不但没有分清楚历史的存在与现实的存在，并且也没有弄明白他自身的个人存在（这个个人的存在，其本质不消说是社会的，严格地说来，是应该说社会的存在的）与大众的存在之间的差异。他从心理学教授的生活出发，所得的结论不足为训，也正是无足怪的。可笑的是他从这种特殊的例证出发，来为那些死书、为那些读死书的人辩护、张目，张先生真不愧尽了他大学教授所应尽的任务了。张先生确是忠于他自己的社会存在的。

关于什么是死书这一个问题，已约略如上述，现在我们再作一个简短的结论：违反时代和大众要求的书籍，应绝对地认为是死书；对于特定的个人的生活全无关联和影响的书籍，在特定的期间，对于这个个人说起来，便相对地是一本死书。

其次，我们要讲到什么叫“死读书”这一个问题了。这是一个态度和方法的问题；张先生以心理学教授的资格来讲这个问题，似乎应该有些独到的地方了。然而失望得很，他首先连世界上有人“死读书”这一个现象，都根本否认了。你看他怎样说：“我以为如承认读书是件好事，正不妨多读，集中注意的读。读书不像食物，吸收多了会停滞的；倒是像财货，多多益善。”这末了一句话是非常有趣的，和胡适的“大拉万能主义”（“大拉”即洋钱）如出一辙；这里我们暂且不管它。读书是一件好事，是谁也不能否认的；但是只读书往往也就成为一件坏事了，我们吃多了食物会停滞，难道死板地多读了书籍，不会停滞吗？消化不良的人可以引起神经衰弱症；知识的消化不良，不但可以引起同样的病症，并且比这种病还不知要危险得多少。一串死知识不相关联，知识是知识，生活是生活，人做了字纸篓和书架，有谁能说这不是多读书的害处呢！

张先生要求我们对于“无需为个人衣食住而劳作，致全力于读书的人，不管是为求学或消遣而读”，“都不应非议他”。可惜得很，除了消遣这个目的，张先生说得很明显而外，读书是为的求学这句话，实在太笼统，但从下文“如读者嗜沉默，因为他时刻在思想；不爱参加其他活动，因为他已经得到最高等最愉快的活动”那一段看来，我们可以说，张先生是在那里倡导“为求学而求学”“为读书而读书”；他希望我们沉默起来，思，深思，不要参加其他的活动。好，让中国也产生一批康德先生出来；但是我不得不疑虑那结果，是产生一批字纸篓和书架子。资本主义已走上了日暮穷途的道路，在世界任何一国再也不会产生康德及其前后那样绚烂伟大的古典哲学了。

在帝国主义一天天加紧宰割我们，独占和瓜分在那里斗法，整个的中华民族走到了不是生就是死的最后关头的目前情势下面，张先生在那里要求青年“致全力于读书”，这是什么样的意思呢？张先生也许要我们“读熟了‘九一八’‘一·二八’的历史”再去“收复失地”，叫我们先做了“文弱书生的张良”或者是“世代读书的班超”然后再去做刺客或者是大将吧！但是可惜得很，目前抗日血战的已不是马占山、苏炳文这些抗日英雄，而是那些没有读过“九一八”“一·二八”历史书的东北劳苦大众。我们的时代已经不是英雄伟人的时代了（实际上，过去那种英雄造时势的话便根本是错误的；任何英雄都是通过那客观环境的要求产生出来的，只是他积极地较其他人们更发生了能动的作用而已）。野心家为着他自身和他所自属的少数特定群的利益，牺牲大多数人的利益，来成就个人英雄豪杰的美名，在目前这时代里已经是不需要的了。大众自身生活上所受的压迫与痛苦，便是最好启发他们的书籍；目前的大众，正以历史上任何一个时代的被压迫者都没有的自觉来参加、推动目今这一个历史上的巨大变革。历史的变革，在现阶段已经成为大众自觉自发的事业了。

所以，“启发智能最有效的工具”绝不是“书”，而是生活的实践。走到马路上看见外国水兵打我们的车夫，走到工厂门口看见外国工头调笑我们的女工，这对于一个有血性的青年的教育意义，有谁能否认赶不上从书本上所得来的同样知识呢！当然我们绝对不能忽视正确的书籍之理论指导作用的意义，然而一切理论指导终极的目的总还是归于实践的。“我们不是单纯地要求认识这世界，主要地是去变革这一个世界！”

只有张耀翔教授才会在那里肯定沉默的思想，丢开了实践，还依然算做最高等最愉快的活动。“为求学而求学”“为艺术而艺术”，这些口号虽然听上去很漂亮，在某一个时期也曾出过风头，但在资本主义临到衰老死亡的阶段，康德时代所要求的武器也不得不跟着消失了它的意义。资本主义为着巩固他自身统治的地位，民主政治已经不能给予他们任何保障，独裁政治不仅在德意二国长大，实际上已经在世界的任何一国出了头；艺术已经断绝了他们创作的根源，歌颂战争、镇压被压迫者的反抗已经代替了唯美的内容，教育更是最直接地做了鼓动战争与压迫的工具。你想，这时候还用得着一个人“为求学而求学”“为艺术而艺术”吗？同样的，在中国“五四”时代，也曾有人提倡过这种态度，但是随着民族工业之被资本帝国主义窒息，没有适宜的土壤和水份[1]来培养，这一个资本主义最上层构造的精神之花，结果也只好衰灭了。张先生希望以他个人的努力来挽回那纯理知探求的风气，无疑地只好是一个幻想。

至于叫青年们修养到“大智若愚”“大巧若拙”这一种可以获得所谓最高愉快的态度，对于大众和民族生存，不但是无丝毫裨益，并且是一帖有毒麻醉剂的。

现在我们可以将这二个问题作结论如下：凡是要求和人间

[1] “水份”，当为“水分”。——编者注

实生活脱离，要求与社会的实践、时代的实践隔绝，而以自身为目的的读书，我们都要称它为死读书。

最后，我们要说到“读书死”这个问题了。张先生所提出来的意见，完全没有触到核心。首先，他将这句话孤立地看起来了。这句话应该被认为是前两句话的结论。读死书，是读了要不得的书，是一个内容和材料的问题；死读书，是一个态度的问题。我想，读的材料和读的态度都发生了最严重的错误，如何能够避免那悲惨的“读书死”的结果呢！而且这个死决不是个人形体的死，而是个体的精神上的死和整个民族生存、大众生存的死。

关于这点，这里暂时不必多讲，因为在以上我已提出了足够达到这个结论的资料来了。

读历史的常识

柳乃夫

打开我们的历史教科书，你就会看到这样一类的定义："历史者，已往之陈迹也。"自然，历史是已往的陈迹，是过去事情的记载；但是这并不能把历史的真意义说明。因为历史不是记录一些朝代的变更，英雄的事迹，就算给了知识与我们。所以像我们读过的历史课本，那里面只是一些帝王的传记，是一些死的文字，既说不上是科学知识，当然也对于我们没有任何的帮助了。

那么，要怎样才配得上说是历史呢？其实，这也很浅显的。因为人类是生存，是自然要求生活的，所以生存在社会中，为了满足衣食住等的需要，无时无刻不在活动。因此，大家便发生了一定的关系，这是人与人间的关系；这种关系，并不是一成不变的。人类为了容易满足他们生活的需要，常常都在改良他们获得这些生活资料的方法。这种方法改良一次，社会就会发生变化，向前进步，人与人间又出现另外一种的新关系。把这些旧的与新的关系连续的发展综合起来，就叫做社会的进化。历史就是把人类社会进化的过程，有系统的叙述出来的科学。

照这样说来，历史虽然是过去事实的记载，但并不像百货公司里头的货物，样样都摆陈出来；尤其不是把过去帝王的功绩，一一地记录起来留给后人看，说这是流芳百世或青史扬名的好榜样。历史一定要能够供给我们一种有益的知识。这种知识，是要经过一番分析的工作，把过去人类活动的经验，在社会中发生了些什么作用，在那些情形下面，用那些方法去求生存，是成功了或失败了。这种成功和失败，都不是偶然的，也不是甚么“命运”或“天意”铸成的。那是有一定的原因和结果的。我们要从古人成功或失败的教训中，去增加我们求生存的经验。换句话说，要把过去人类在各时代不同的环境中，用过那些方法，怎样去把社会推动，又怎样使社会变化成新样子，把这些知识综合起来告诉我们，才算是有价值的历史。历史不是“死的”或“静的”尸体，而是“活的”或“动的”过程，我们不应把它当做好玩的古董，而要把它当作我们最好的导师。

正因为历史是人类过去在社会中的实际活动，不是空洞的或虚构的事实，所以我们一定要研究历史。说浅显一点，我们现在所称为历史的，在当时的人看来，也像我们自己对于目前生活的奋斗一样，再过一些日子，我们现在为生活奋斗的种种情形，由我们的后人看来，便又称为历史了。我们之所以要研究历史，就是因为我们时时刻刻都要在社会中活动，为了生活而活动。俗语说：“一人之知识有限，天下之义理无穷。”我们要想多得一些经验，多得一些处世的方法，换句话说，多得一些谋生存的条件，便不得不借过去的经验知识，来作我们的参考，来作我们的指导。

像前面说过，人生在社会上，第一个问题便是要求生存，要获得生活资料。过去的人，用了种种方法在过去的社会中去寻这些资料，如果在寻找这些资料的时候，没有任何障碍，那根本就不会有甚么问题发生，人类也真可以说是在天堂中享受快乐了。但是事实告诉我们，人类的历史，并不是那样幸福的。这是甚么意思呢？就是说，从有文字把人类在社会中的活动记载下来的时候起，人与人之间，无论如何都有一小部分人是过着坐享现成的生活；又有一大部分人是受着压迫，替那小部分的人作牛马，供给生活资料给他们享福，自己虽整天不息地勤劳，却得不到饱暖。这种现象，不光是一个地方、一个时代是这样的，一直到今天，全世界上（除了一个地方）、各时代中都是这样的，不过因为地方与时间的关系，表现出来的状态，不一定是完全相同的罢了。

我们只要读过历史，便会了解人类社会为甚么会经过各样不同的时代，一直继续变化到现在的样子。其间经过的各种现象，当然不是偶然产生的，而有一定的因果关系。知道了这种因果关系，我们不但可以明白了解过去的事迹之所以然，而且还可以推测将来会变成一个什么样子。预知了将来，我们就能预备去对付。因此，研究历史的目的，就是要知道过去，拿过去的经验，来作为现在社会生活合理的指导。历史一定要有这样的意义，才是“活的”“动的”，才不失为科学的价值；不然，就真的成为叙述“已往之陈迹”而已了。

上面是把历史的意义和我们为甚么要研究历史的理由，大约说明了。现在便要问：历史既然对于我们的关系，是这样重要，那么，我们应当怎样去研究它呢？

像前面说过，历史既是叙述社会进化的科学，那么，我们要把几千年的事迹加以研究，不是很困难的吗？不，这是有方法去做的。什么方法呢？就是我们只要知道社会的“变动性”就得了。所谓社会的变动性，是含有两种意思：一方面是社会为甚么会“变”，一方面是说社会怎样在“变”。我们又知道历史不过是人类活动的记载，所以前一种意思，又是说人用了什么方法去推动社会；后一种意思，又是说社会变动一次以后，出现了怎样一个人与人间的关系。现在为了要得到有系统的知识，我们就把人类的历史，用“变动”的眼光去加以分析吧。

但是，我们在没有分析之前，还有两点要认识清楚的：第一，人虽然也是一种动物，但和其他的动物不同；不同的地方，主要的是人类会制造工具、帮助生产，以满足生活上的需要。应用工具来实行生产的方法，简单地称作“生产方法”。在一定的生产方法之下，人类生产的能力，叫做生产力。第二，在生产的时候，人类相互间必须发生一定的关系，共同合作，这种关系，就叫做生产关系。

我们根据这两点，便可以看出历史的变动性的基础。比方说，人类在最初的时候，就是在没有历史记载以前，他们只是过着极其自然的生活，他们只知利用现成的石头、石子、树枝、树棒等类的东西，来做他们劳动的工具，向自然界去获取一些生活上的资料。那个时候，他们的生产力是很微薄的，他们只知捕鱼打猎，后来才渐渐知道畜牧。他们团体的范围很小，大家过着共同生活——就是大家一道做事；共同分配——就是大家一样享受的生活，换句话说，人与人间的“生产关系”，完全是平等的。历史家把这个时期，叫做“原始社会”。

但是，后来人数渐渐增多了，需要自然更复杂起来。从前的“生产方法”已经不能满足要求，人于是又在自然界中发现了金属，他们制造了一些简单的金属工具；大家知道了种植，农业也开始萌芽，能够生产更多的东西。换句话说，这时的“生产方法”进步了，生产力增加了。谁都知道，这个时候要做的事体多起来，于是这个团体和那个团体，常常因为接触而打仗；打赢了的团体，捉到许多俘虏，就把他们当作奴隶来替自己作工。这时，社会上出现了两种人：一种是不做事，坐吃现成的；一种是像牛马一样作工的。换句话说，这时人与人间的“生产关系”，已经不像从前那样一律平等。古代希腊、罗马社会里面，我们知道一方面有贵族、自由民，做支配者；一方面有奴隶受他们支配。这个时期，才开始有历史的记录。历史家把它叫做“奴隶社会”。

过后，人事更加繁杂起来，他们又发现了好像铁那一类的金属，便制造了像犁呀、锄呀、锯呀、斧呀……等类的劳动工具。因为“生产方法”的进步，农业发达了，手工业也开始萌芽了，生产力更加发达。一方面占有许多土地的地主，是需要多量的农民替他作工；一方面在城市里头手工制造业的老板，又养了许多徒弟。说明白一点，从前那种专靠奴隶的生产关系，已经不能满足新的需要。所以这个时期人与人间的“生产关系”，又一变而为地主对农奴、行东（师傅）对徒弟的新样子。历史家把这种社会叫做“封建社会”。

再后一点，交通方便了，商业方便了，社会上就有了新发迹的人。他们聚积了很多钱，成了新起的资本家。到了蒸汽机一发明，就是“生产方法”更进一步，这时有钱的人，便开设工厂。但是这里需要很多自由做工的人，于是以前那种靠农奴生产的生产关系，便不能满足这个要求，所以就发生了推翻封建制度的革命。社会上人与人间的“生产关系”现在变得更简单了。历史家把这个时期叫做“资本主义社会”。

据说，将来社会还要“变”，一直变到人与人间不发生利害冲突、大家都共同努力去增进人生的幸福时为止，历史才算是走上了正轨。

总之，我们知道“生产力”的发展和生产关系的变革，是社会变化的基础。我们能够从这两点出发来研究历史，那么，虽然是几千年的事迹，也可以一目了然了。

怎样“读”“写”“算”

庶　谦

（一）总说几句

这个题目，是极平凡的；好像要说的别人已经说得尽够了，用不着我来再说；就在听的人也好像听厌了，用不着再来听。不过，我觉得“读”“写”“算”的方法，它也应该和别的真理一样，并不是千古不变的；因此，在我们民族危机十二万分严重的时候，把这个陈旧的题目重新检讨一下，也不是不需要的。并且，当今日一般在经济恐慌中挣扎着的青年，正在开始努力读书的时候，把我个人对于“怎样读写算”的一些零星的意见提出来，也或许可以备一备参考。

现在就分别地来说罢。

（二）怎样“读”

我以为所谓“读”，不应该仅只包括着读那种书本子上的书，而是应该包括着读我们日常相互间口头上所对白的说。因为文字是代表语言的；我们固然应该努力去读文字，同时，我们还应该努力地来“读语言”。

“读语言”的方法，我以为要注重四点：第一，你在某一个环境里生活，就该努力地去学习那一个环境里的方言。比方，你是个广东人，你若是到上海来生活，那你便应该首先学习上海话；因为要这样，你才能够和上海的大众互通情意。第二，要努力练习所谓“普通话”。在中国语言进展上的趋势，无疑的在目前是正在向着这种普通话前进的。这是一种事实上进步的趋势，并不是任何种的大力所阻止得来的。我们为了顺应这一种趋势，促成这一种趋势的普通化，我们自己就该每一个人都去学习；在这里，最要紧的是首先把你自己习惯上所引用的土语，大众所不了解的土语去掉，再多多采用一般人所引用的语汇和语调。第三，在你职业上或是当前的进修上如果有外国文的需要，你便该读一点外国文。至于读那一国的文字，那却是要你随所需要的情形来决定。不过，在过去，有许多人把学习和应用分开，更不是因为要应用才去学习；他们去学习外国文是准备将来应用，到了后来，或是学到半途而废，或是要应用的却不是从前学过的那一种文字。因此，不从应用上出发的学习态度，是目前应该矫正过来的。并且，在一般人没有多的时间去读书的时候，这种无目的地乱读，尤其是极不经济的。第四，比较多有一点时间读书的人，世界语也可以略为学习一点。

对于拼音的方法，应该加以研究。我们不要随便地断定：中国的文字那里会有成为拼音文字的可能呢？其实，中国文字上的反切以及最近过去的注音字母，都已经把中国文字用字母来拼合了。说到拼的方法，如果学过一点外国文的或是注音字母的，那便是有了很好的基础了。不过，如果一点外国文字也没有学过的人，或是连注音符号也不曾学过，那末，学一种拼音那便是当前的必要。因为学过了一种拼音，才知道中国的每一个方块字都不过是一个音段，由音段才组织词儿，由词儿才组织句子。

讲到读书本子，我们便要注意三点：第一，要读近代的书，不要读陈旧的书。因为近代的书籍里面，它已经把古代应该保存下来的东西，继承下来了；即使我们要直接去研究古代的东西，那也不是一般人所能办到，并且，在目前的中国更不是一种急切的需要。第二，要读进步的书，不要读落伍的书。因为在我们目前的出版界里，同一样是近代新出版新著作的书，然而在内容上仍有极落后极陈腐的东西，如果我们不去好好地选择一下，这便和读陈腐的书一样，把自己拖到历史的后面去了。第三，我们要多读一般性质的书，不要读太专门的书。我们平日大家这样说，我们每个人总该有一点专门学问。这句话，在一般上看来，似乎是很对的，因为一个人有了一门专门学问就不愁没有饭吃了。但是，且慢！在目前的中国，那些有了专门学问的人才，到那里去应用呢？我们去学养蚕吧，但是中国目前的丝厂不是大多数关了门吗？我们去研究农业吧，但是中国目前的农村不是已经破产了吗？因此，我们在目前，应该用大多数人的精力来注意社会上一般的问题，把中国的民族危机打破，使经济和政治一齐都上着正轨，那时候我们才有研究专门学问的可能与必要。虽然我们不能说，在目前，中国百分之百的人都不要去研究专门学问，然而，用最大多数的人来注意社会上一般的问题，在我们却是认为没有疑义的。

再，我们的读书，不应该专在书本子上去读，而是相反的，主要的却还应该在社会的实践上去读。每一天国际间有一些怎样的变动与开展，在我们的国内有一些什么重要的变动，小而至于我们自己周围的朋友间有一些怎样的事件发生，这样的一些，都是应该很用心地去考察去把握的。因此，读报章读杂志应该是每个人主要的功课，而自己在朋友间的一切活动，都应该看做读书时间表上一个重要的部分。

（三）怎样“写”

说到“写”，我以为应该分做两方面讲。第一是“写作”，第二是“习字”。

要文章写得好，首先是要注意内容，形式是在其次。虽然我们并不否认文字技术在写作上的重要，然而如没有好的内容，技术是单独地要好也好不来的。因此，我们如果想要写出好的文章，首先就要充实你对于社会和自然的认识；同时，还要从实践中去增加你自己的经验，从书本上去接受前人的遗产。

在动笔的时候，最要紧的是要设法使那些写出来的句子像口头上所说的句子。话是怎样说，笔底下就怎样写，不要有意无意地去模仿外国文的句子，也不要模仿古人或今人某一篇的笔法。要使人家念着你文章，就像听到你正在说话一样，那就很好了。

在你所说的话里面，语汇是应该有一番选择的。只要是能表述真实的事象和逼肖的情感的，我们都可以采用。不管那些语汇是从外国来的也好，是从中国各地土话里来的也好。不过，当写到笔下的时候，除了它能够表述得真实或逼肖以外，同时还要极力注意那些看你的文章的人他们懂不懂。这就好像当你演说的时候，要注意听的人，看他们懂不懂一样。

至于每一篇文章的布局，那最好不拘定一种死板的格式。只要怎样能够把你当时要表述的内容，很清醒地表达出来，人家看了容易懂，容易感动，那就行了。古文中间的起承转合等等，固然用不着；就是目前还有人采用的那种“第一段是什么，第二段为什么，第三段怎么样”的所谓三 W 主义，现在也用不着了。写文章要随时记得那就是说话；说从哪里说起好，文章也从哪里写起好。

现在再来谈到习字的问题。

如果在写文章的时候，一个字忽然记不得写了，那末，最好就随便想一个同音的字写上。如果连一个同音的字也写不出，那末，写上一个声音相近似的字也可以。再不然，用罗马字或注音符号拼一个声音写上也可以。这一个办法，并不是我创的，而是那些认字不多的大众们，他们在写作的需要上创造出来的。

如果有哪一位先生说你所写的是“白眼”，那末，你只要你所写的人家看得懂就好了，白眼不白眼那里有闲工夫去管呢？不过，白眼字如果在一篇里写得太多了，那末同时就该采用“词儿连写”，因为要这样才不容易发生误解。

至于手头字，那自然是可以采用的，但也不一定要以目前有人公认了的第一期手头字为限。你如果发现某这手头字大家公用了，写出来大家都能懂，你便不妨用起来。不过，我们要知道，中国自有文字以来这种方块字的演变，它是并不曾有过一个时期暂时停止过的。同样地，中国文字的进步，也决不会停滞在手头字这一个算不得一个阶段的阶段上。

中国字的书法，向来是被一些有闲工夫的人们所重视的。他们临碑帖、习行草，考究也十分地多，但这却不是一般人能够办得到。并且，费去人们大部份[1]的时间在这种细小的技术上，于大众生存的进展上无补。

在目前还不能不用这种方块字的我们，对于字却也不能完

[1] “部份”，当为“部分”。后同。——编者注

全不习，因为你如果所写的人家不能够认出来，那便失了文字的作用了，这却是不好的。因此，字还是要习，但只要写出来大家认得出就够了。

字，最好是写得快，因为我们要时间上的节省。过去有许多先生们总提倡我们慢些写，在现在，我们是没有那些闲工夫了。

（四）怎样“算”

关于一般人的怎样“算”，我在别的地方已经说过一些了。在《读书生活》的创刊号上，我写过一篇《珠算和笔算》，在一卷三期上，我又写过一篇《店员学徒怎样研究算学》，那都是可以供参考的。

在这里，我就只指出下述的两点。

第一，有许多人，他们的数观念实在是太模糊了。问他家里有多少人，他的答案是七八个；究竟是七个呢还是八个？他却要临时数。他们日常生活上的开支，有的人是没有预定的计划，甚认为以这种生活上银钱的计算是卑污下贱；有的人却又相反，他们是每一个小钱都要算得清楚，但是在重要的地方受到了大的损失，他自己甚至还不知道。因此，我以为，我们以后对于数观念要弄得明白一些才好。不要实际上糊里胡涂，在表面上却装出个满不在乎的样子。也不要锱铢计较，处处只打眼前的小主意，却忘记了更大的或是人们共同的幸福。

第二，我们要注意各种统计上的图表，尤其是关于人们共同生活上的统计图表。比方，在当前第二次大战快要爆发的时候，全世界各国各种军备数字上的比较怎样呢？当目前中国入超数字特别惊人的时候，它的历年增减趋势怎样呢？诸如此类的统计数字，我们应该努力地去搜集，去比较。我们不单不要嫌那些数目字太枯燥，并且还要从那些枯燥的数字里面去看出活生生的内容来。要有注意统计的精神，才不会只看见个别的事象，而不看见一般的事象。

实验的读书

李公朴

这是民国二十三年十一月五日，我在尚文路江苏省立实验小学的演讲词，由童常君笔记下来，经我增删过的。

诸位天天到学校里来，一定知道是来求读书，是来求知识的，但是怎样求得的呢？有了知识怎样运用呢？求知识的目的是什么呢？这些问题在诸位脑子里恐怕是很少想到的吧？

知识是怎样求得的呢？单靠书本吗？绝不是的。贵校名为“实验小学”，我们从这个名字可以看出，求知识单靠书本是不行的。应当把实验与读书结合起来，才能求得知识。我今天就是拿“实验的读书”作为题目和大家讨论。

有了知识怎样运用呢？学校的生活是社会生活的一部份，是诸位将来在社会上做人做事和改造社会的准备时期。所以在学校里读书的时候，就应当从这三方面去实验；在这实验中，可以知道所求的知识是否正确，又可以从实验中获得更新的知识。要把自己锻炼成一个有能力而且能担起改造社会的责任的人，这样的读书才能算是实验的读书，这才是读书的真目的。现在分三方面来说说吧。

一，做人与读书。人和其他动物不同的地方，就是因为人能够自己知道求做人的方法，其他动物是完全没有这种智能的。譬如马经过人的训练能拉车，牛经过训练能耕田，但马和牛没有人去驾驶是不会自己自动去拉车去耕田的。人就不同了。当先生在讲台上教你们的功课，你们不仅可以听可以讲，也可以和先生讨论；图画教员教你们画画，你学会了，只要自己努力，甚至可以比教员画得好些。所以做人不是和牛马一样只是顺应环境、屈服环境，人是能够自动的、积极的去认识环境、改造环境的。诸位在读书的时候，就应当从认识环境和改造环境两方面实验起来，在社会上就可做一个明了时代和改造社会的人。从来有许多人总认为物理、化学的智识才可以实验，做人的学问不能实验，是完全错误的。

二，做事与读书。有许多人以为读书很多就是有学问，就能做事，其实这是不尽然的。所谓学问必须是能知能行，而且是正确的知、正确的行，才能算是真学问。能知不能行的人，是与蛀书虫没有什么区别的，所以所行都是不正确的，那于人、于事、于社会都是没有裨益。要想达到正确的知、正确的行，就应当把求得的知识在日常的生活中，实验起来。譬如化学上讲轻❶二氧一化合可以变成水，这个知识在实验室中可以证明的。我们知道水是可用人工制造出来的，那么做事的时候决不会做出什么“张天师设坛求雨”和“喇嘛念经求雨”的迷信的行为，而明白人原是可以用科学底方法来抵抗天灾了。所以一个人读书如果不能在做事上实验起来，纵然能称“学富五车”，但也只能博得一个“书生”的名气，做起事来，还是一个胡涂虫。

三，求进步与读书。我们生存在社会中，做人做事是要常常遇着种种障碍和困难来阻止我们、摧残我们。当我们遇着这些困难的时候，我们怎样才能扫除各种困难达到做人做事成功的目的呢？我觉得一方面要有知识，多一分知识就多一分解决

❶ “轻”，今作“氢”。——编者注

困难的能力。同时要有求进步的决心。只有人类这种决心，才能把历史和社会推向前进。怎样才是求进步的决心呢？第一，要有不怕失败的精神。譬如初学骑脚踏车的时候，要想学会它一定有跌破皮、扯破衣的痛苦，才能把脚踏车学会。假若在未学之先，就害怕这些苦痛和失败，那一定是学不会的。孙中山先生革命事业的成功，是经过了十一次失败和牺牲，才达到推翻君主专制的满清的目的。总之，无论做人做事，若有了怕失败、怕困难的观念，一定是不会成功，也一定是没有进步的。第二，要有创造的精神。中国人是很缺乏这种精神的，不但缺乏这种精神，而且常要压制这种精神。诸位小朋友在家里的时候，你的父母是不是常常不问你高兴不高兴或你的行动对不对，他总是不准你做这样不准你做那样。在社会上也可以看见禁止这样、禁止那样，所以十几年来把中国弄得死气沉沉没有一点进步的现象，这都是由于一般青年没有创造的精神。要知道宇宙间的现象和社会间的事理，是要我们随时随地去创造去发现，才能改造社会，社会才有进步。拿政治的主张来说，中国人总是人云亦云，人家说法西斯主义好，我们也跟着说好；人家实行共产主义，我们也要跟着去做。这种抄袭的方法是没有用的。但我们对于这些东西也用不着惊讶奇怪，因一个主义和学说的发生是有它的社会背景的。无论法西斯的手段好坏，希特勒反抗《凡尔赛和约》压迫的精神和莫索里尼振兴意大利的精神，是值得我们欣佩值得我们模仿的。苏联的共产主义无论好坏，但是他们有计划的、集团的生产使其国内建设的成功，人民生活的富裕，外交上的成功，这是谁也不能否认的。总之，我们应当取人的长处，不要学人的短处，要创造一个适合中国社会的方法，把中国民族的危亡挽救过来。我们要使中国进步，不能永久停滞在次殖民地的状态中。诸位在读书的时候，就要有不怕吃苦和创造的精神，养成求进步和改造社会的能力。

现在我的话已经说完了，总括的说一句，实验的读书就是把读书与做人做事和求进步三件事结合起来，才是真正的读书，才能求得真正的知识。

三、各科研究方法

怎样自学社会科学

辰　夫

（一）信不信由你

无论你说“天不管，地不管”，实在你一刻钟也不能不“管天管地”。这话一点不假，信不信由你。

“天”就是大自然，我们人类的住家是一个行星，是这大自然的一部份。我们这个骨肉做成的身体，也是大自然的一碎片。为了自己的存在，就得时时刻刻、继续不断的向自然吸收可供营养的物质。倘若有一天，这种物质的供给停止了，那就会没有人类。我们既然都是人类的一份子，你就不能说不管它。譬如，近几日来上海的气候时凉时热，你的身上也就不能不像在做戏一样，一天到晚，脱了这件，穿上那件，你不能老背着一件蓝布长衫。下雨，你出门就得穿雨衣，带雨伞。打雷，你要用双手掩耳朵。天旱，大水，你都得焦心。一周以来，全国差不多一半省份在闹水患，哭声不是震天地么？这就是我们“靠天吃饭”的中国人，看了“自然”对我们供给的物质发生问题了，必然发出的慌张。这就足够证明，人和自然的关系了。你那得不管呢？

不过，人类到底不完全是自然的奴隶，人是在一天天克服自然的。人力可以胜天，虽然觉得有些像说大话，但毕竟本是事实。而且，你得记住，你不能过于夸大自己，你不要以为我们能克服自然，自己就脱离了自然，不向它要东西吃了，变成了超空间的魔物；或者以为有一天，地球上会变成没有阴晴风雨，及一切物理的、化学的、生理的、心理的等等自然现象了。

说一句老实话，你无论怎样乖，你把自然改变得使你的祖宗看了吐出舌头来，但你仍是在这位慈母（自然）的怀抱中，你永远是被许多自然现象包围住，并且它要影响你的生活。不同的是，你越乖，你认识自然越多，你利用它的地方也越多，它也更多给些东西你吃，使你的生活更惬意。这也就叫做人类文化的进步。

是的，“天不管”既然知道是假话，现在低着头来看看地下罢！“地不管”，我懂得，这“地”不是指这块死的土地而是指人间的事的意思。人间的事，就是指人与人的事，这里包括个人与个人、一个社会层与一个社会层、一个民族与其他一个民族，这里的关系多复杂啊！你真的可以“地不管”么？

这更是说天大的谎。

你总要活。要活，就得与许多人打伙。你单独一个人要想在这世界里混，不仅现在不能够，就是我们的祖先刚刚同猴表兄分家时，也就没有过。地球上自有人类以来，一向就是成群成团的混；在一群一团中，不管你野蛮与文明，人与人总得结着一个结子。这结子，用一个学术的名词，就叫做经济关系。这是一切人类的悲喜剧的基础。因此，人与人彼此相互影响，管了自己也得管管别人。

譬如我们，把眼睛睁得大大的，我们是今日世界的一个小细胞，世界是我们的大家庭。但是我们同时又是在这大家庭中，一个小房分叫做中国的小子弟。在这小房分中，我们又被社会层圈入某一圈子内。在这圈子里，又有什么叫做职业和小家庭等等圈子。一个小一个，圈住自己。连环起来你才有生活，脱了连环你不要想活。你是生存在这连环中。

你说："我没多大野心，我只看见我的头上套上的这一个小圈子。我从不好管闲事。每天，天一亮，打开眼睛，起床，吃早点上公司，站柜台，做买卖，一直忙到夜晚几点打烊，回家，洗脸，喝茶，睡觉。天天是这一套，那能还有时间同别人发生关系，管人家鸟事。我还不是'地不管'吗?"

没有！我说你每天仍然同无数的人发生了关系，时时刻刻在"管人家的鸟事"。

你不要把眼睛睁得这样大，让我还出理由来。

是的，先从你那一个小圈子谈起。你这小圈是一家洋人开的百货商店。这公司组织非常严密，买卖的部门交关多。你被派定的货柜是买西装配件、领带袖扣之类的。这里的人的组织也好比一个军队。你们是店员，在你们以下的有练习生、站门巡捕、茶房，以上的有高级的主任、华洋经理，还有没有到过中国来过的白色大老板。你在这小世界里，即就人的构成部份说，这就是一伙，这中间就有一种雇佣关系，因为华洋老板不同，也略带一点民族的味儿。你在这小圈子内，即令你整天不开口，自问不管闲事，但经理布告出裁人、减薪、延长工作时间，并且裁人名单内就有着你，你总不能不关心；反过来，你的同事们要求加薪、减少工作时间，反对白色主人的侮辱时，你总不能站着隔岸观火，你能不入漩涡么？

这还只就小圈子说，其他一个大一个的大圈子内的事，还会像水波一样一圈一圈打到你身上来。譬如拿你的公司生意不好说，自然使你们工钱减低，很多同事失业，但公司的生意不好，是受上海金融恐慌和生意清淡的影响；上海的金融恐慌和生意清淡，一方面是中国农村破产，人民失了购买力，但一方面是由于帝国主义的商品倾销，军事的、政治的侵略的结果。这一结果的造成，又得归结到资本世界的没落中，世界经济恐慌，帝国主义对殖民地的进攻，帝国主义间的斗争，尤其直接影响的是美国收买白银等。这些波浪，从远远的一直打到你的面前，最后它可以把你手中的那一个盛不满饭的饭碗，“哗啦”一声打碎。你说你不管它，这怎能令人相信。

自然，我知道你心中对自己的生存是非常关心的。至于影响到自己的生存的这复杂的关系，你未必都能看到，是老实话。

“不得活了！”这是今日的世界普遍的呼声。尤其我们这类中国人的命运是如此。恐慌、焦急、恼怒、发痴、神经病、自杀是天天在报纸上可以看见的。你坐在公司里，半天看不见一个主顾上门，你也不能不想到公司以外去，走出公司；你回到家里，你总有些亲戚朋友来往，他们总会供给你许多悲惨的新闻给你听，使你夜里睡不着觉。

展在你的眼前的奇怪的事就会像影片一样，一幕一幕在开展。即令你是一个多么简单的人，你也不自觉的变得在忧国忧家了。

你以为我是在说闲话么？请你先问问你自己，你真的是无忧无虑，闭着尊眼在过幸福的日子么？

我知道，你一定会说："不！在内心何尝能平静呢！这个世界是太复杂，把我们的头都弄得昏昏颠颠了，好像一个乡下人到了先施公司，不知道看什么好。因此，我们这些天天过呆板的生活的生意人，又有怎样办法呢？"

这句答话，我亲自从许多人的口里听到。他们因为生活忙，只与很少的人有接触，就误认为自己与别人没有什么联系。他们不知道，这联系是建立在一个经济的网上，你虽然可以不知不觉，但你却绝对不能离此而独立生存。

这复杂的万花镜是什么呢？是社会现象。人与人所造成的社会现象，比起自然来，不知要繁杂多少倍。它包围着每一个个人，它的影响我们的生活，决定我们的生存更比自然现象要来得严重。

信不信由你，管不管却不由你。

不过，请你不要发愁。不要以为你脑子内装不了这些杂货，不要因为世界的繁复，就索性闭住双眼，装做不闻不问。我告诉你，自然现象虽然复杂，但并不是杂乱无序的。人类在悠久的生存抗争中，在找食物充饥时已从物理的、化学的、生理的、心理的诸多方面，渐渐的找了它一套自然界的"法律"。我们晓得原来自然间一切复杂的现象不过是某些自然法则的运动的形态，或交互的形态罢了，并没有什么神奇。同样，在人与人间的关系上，所发生的社会现象，也不是无秩序的。这里，困难的是不能在实验室中去试验，所以在这一方面一向就显得有些神秘。但幸喜人也是自然界的一部份，人的本身也是物质，人与人间的关系也不能不通过物质的媒介，所以顺着这种最基础的经济关系去发掘其他的关系，也就可以获得一套社会的“法律”，对于许多认为神秘的现象，也就觉得平凡，不过是某些社会法则运动的形态，或交互的形态罢了。

那些埋头在实验室，把自然现象作为对象去研究自然界物质的相互关系或动作，寻出它的运动的法则，这就叫做自然科学；研究这门秘密的人就叫做自然科学家，这些人是真正能懂得“天”的人。

把社会现象作为研究的对象，去研究社会里人与人中间的相互关系及动作，寻出它的运动的法则，这就叫做社会科学；研究这种秘密的人就叫做社会科学家，这些人是真正能懂得“地”的人。

人类对自然顽皮，就是拿了这两种工具做武器。但是要改造“天”，支配“天”，却非先改造“地”不可，因为“天”的改造在目前“地”的状态下，是受着绝大的限制的。至于说到我们这些小我呢？

我们小我当前要求的是生存，但是要个体的生存，就得同时或先求得更大的一个生存圈，即中国民族的生存不可。但要求中国民族的生存圈却不能不认识世界更大的生存圈。

如何来认识这无限交互的关系呢？如何去争得大小的生存呢？这不仅要有勇气去奋斗，而必要有指引奋斗的理论。

这就是社会科学知识。是的，在今日这一门知识已不是专家的知识了。他应是每一生存的奋斗者的必具的常识。现在就从常识的见地，对于千千万万奋斗者来谈一谈如何获得这一战术吧！这就算是一个开始。

（二）拾荒第一

——社会科学的范围

这一个社会的万花镜真是千奇百怪的。从这万花镜里所看到的所谓“社会现象”的那东西，更会使你没有比喻来形容它的复杂。我们说，世界上有一种叫做社会科学家的人，竟把这些连比喻都比不清的又不能拿到实验室里去试验的东西，竟拿来研究，看出了一个什么社会科学系统来。那到底是什么一回事呢？

是的，如果我们只把眼睛局限在个人生活这一小圈子内，那真好比“坐井观天”。一个老农，他能体验的社会就会只是“竹篱茅舍”周围数十里那一小块天地；他所碰到的人物，就会是那“七长八短”的那几个；他同别人发生的关系，就会只是换工、买卖借贷、婚嫁等简单纯朴的几件事。不要说，过去人类生活他们不能体验到，就是同时代与他们个人的生活没有密切关系的，也就不能亲自体会或充分体会到。个人生活越发简单的人他的认识的范围也越小，他所看到的世界也更简单，所以一个人的认识，如果只凭他的经验那是不足的。过于把“经验”夸大，就说经验是认识的唯一泉源的人，结果必然陷入非常的谬误。

因此，我们常常看见，从个人经验中产生的常识，并不见得一定合于真理。

一个人要扩大自己的认识并不是要每事都自己亲自去经历一遍，而是接受前人的经验和同时代与自己生活部门没有密切关联的别人的生活经验。地球上自有人类以来约莫有二十万年，有史以来，也已经有六七千年，人类在过去的悠久的年辰里，已经替我们积下了丰富的经验。我们越与这些经验发生接触，才知道，自己过去认为真理的经验，实在有限得很，自己的世界，确比坐井观天。

历史的演进增加了人类的经验，同时扩大了认识的界限，扩大了世界。

世界大了，所呈现的社会现象自然也是"万花撩乱"，但我们并不被它的复杂性，弄得自己发昏。

我们现在已不能凭自己一点薄弱的经验来解释每一社会现象了。

因为人类蓄积下来的经验，并不是像目前我们的法院对于案子一样，一号一号的列为档案，堆集在一间阴暗的档案室里；人类的经验，是保存在人类活的生活斗争中，在生之挣扎中，人类一天天把谬误的部份洗刷、淘汰、丢弃，把真实的部份一天天发展、光大。

所以我们对于每一社会现象的解释，现在既不仅凭个人狭隘的经验，也不从历史的仓库里去查那些死的档案；对于万花撩乱的社会现象，并不看做是无秩序的、彼此不相关联的。

反之，我们从伟大的生之挣扎里，把一切过去的经验综合起来，成为一束认识的巨火、开路的向导。

社会科学就是从这生之斗争中实践地要求才发生成长出来的，并不是出了一个什么圣灵、怪物，由他一手创造成功的杰作。

社会科学家就把那万花撩乱的社会现象，自然的按着社会生活天然的逻辑，把它分类；把那不能用比喻形容其复杂性的东西，弄得一目了然，无啥神奇。

把生产、分配这些属于社会经济现象的东西，归到一类去，经过了很长的期间；无数人的脑力，好容易把这一团糟的现象整理出了一个系统，找出了它的合法则性，弄清楚它的发生、成长、灭亡的发展的法则。这些东西越研究越丰富，慢慢的这一方面的研究就成立了政治经济学。

把那本来是管理生产分配、管理人对于被管理人的行为、被管理人的对于管理人的“回敬”的一些悲喜剧及戏剧的结构为骨子，而外表现出的是什么“天下大事”“神乎其神”的伟业，现在叫做政治的一切现象，又经过另一部份人的整理，也发觉一套这一方面的发生、成长、灭亡及进到另一前途的发展的法则，就成立了政治学。

把属于过去人类生活各方面的经过的史实的一切历史现象，归并成一个研究部门，成立了历史学。

把属于人类社会国家机构中那法律关系这些现象，归并成一个研究部门，成立了法律学。

把属于人类社会的一般的组织现象，归并成一个研究部门，成立了社会学。

把属于人类社会的思维方法、认识方法的一切现象，归并成一个研究部门，成立了哲学和逻辑。

把属于人类社会的行为标准的一切现象，归并为一个研究部门，成立了伦理学。

把属于人类社会中发生的问题、改造的意见或方案，和行动等等方面的现象，归并成几个研究部门，成立了社会问题、社会政策、社会主义等。

以外，归并成立的研究系统的门类还多得很，社会科学的门类开列出来可以成一大单，但我却要在这里带住，因为主要的几个系统已经指出了。对于我们这些普通人，作为常识的看法，已尽够了。

但是，这些部门中，又被人分为无数的小部门，却不可不再提几句。譬如政治经济学中，研究一般原理原则的有经济原论；研究各种特殊经济现象的有经济各论；研究经济思想史实的有经济思想史；研究各国经济发展史实的有各国经济发展史。以外，就是在这一部门中还可细分为无数的研究单位，其他门类自然也是一样。这样一来，不怕什么社会现象的繁杂，我们不愁没有法子处理它、解释它。

是的，我们今日对于一切社会现象真可说一句大话，“不愁没有法子”解释。这法子就是由以上的分门别类而综合构成的社会科学。

这里我知道，也会有人出来埋怨，说：“法子虽然是有，可是这‘法子’也太繁杂了，光只说一点常识的分门别类，已把我们的脑子弄昏了。我们那有时间精力在认识社会的‘法子’方面去费这大力气呢!”

不错，但不要忙。

社会科学研究的部门虽然很繁，乍看起来，真是成了一个学问的海，像非专门家是不容易问津的；我们这些在百忙中“拾荒”的人，不免要像叫化子到了果食店，不过白流一顿口水罢了。

然而，也并不如此，这疑问也马上可以打破的。社会科学构成的全体，虽然庞大可观，我们今日的生活条件虽然还不够使我们有高深的研究，但不是说我们只能流口水。

社会科学内容的丰富，是因为社会内容的丰富、社会现象的繁杂，分门别类的多，正是因为要使研究的便利，使一般人都容易问津。

分门别类虽然表示着某一部门变为独立的科学了，但不是说它与同一科学内其他部门就没有联系了。恰恰相反，它的独立只是相对的。我们对于这许多部门虽然不见得能够门门深造，却不可不涉猎它的全体，知道一个全貌。

我们在研究方面，对于某些社会法则虽然应该专门看重某一部门，但是对于了解整个社会，或某一社会现象，却不能只应用一部门的知识，因此，就不能不具有多方面的知识。

常常是甲一部门的研究，是成为乙一部门的研究的条件。因为这些部门是按着社会发展的天然的逻辑自然地发生的，因此，由这研究的细分造成的研究网，也是合于这一逻辑的；它的经纬，也是十分明白。

因为人类社会既然是由劳动的结合，那末社会内人与人间的关系，最基本的自然是经济的关系。研究这种经济关系的政治经济学，在社会科学部门中，自然就成了最根本的部门了。

这是一个首先要把握住的环子。

其他如政治、法律、道德、宗教、风俗、艺术、哲学、科学，通常称它们是“上部构造”，因为它们总是反映某种经济关系产物；什么样的社会的社会经济基础，这上面的“构造”，照例它有一套与之相适应的建筑物。因此，在研究各部门中，我们敢说，正确的把握住经济方面的知识，是研究一切的前提。

这里就是流俗的学者与科学的研究家的分水界。

自然这不能解作研究经济学就可不注意其他的部门，更不是说经济学在各部门中比什么都贵重，其余就不值什么。完全相反，就是要澈底研究经济这一部门，也非得同时对其他部门有些研究不可！尤其对政治、法律、逻辑等有相当知识不可，不然你也依然不能了解什么。

这些部门的关系以及研究的联系就是如此的。

那末，我们这些知识上“拾荒”的孩子，知道了上面简单描画出的社会科学的发生，以及它的范围的轮廓是虽然很重要，但是，不能说，就有社会科学的概念了。更不能说，有了这一点旅行指南，就可以知道方向或照走不错了。

完全不是那么一回事。王麻子的剪刀店，到处都有冒牌。社会科学也有不同的牌子的。知道了它的研究范围以后，还得进一步，认明什么商标为记的牌子，才可以买到真货。

（三）拾荒第二

——我们所要学的社会科学

要辨别王麻子的剪刀的真伪，都要有三分眼力；不假，要揭破社会科学的冒牌，那总要比看剪刀的铁色为难。我们看了一个光头，总容易联想到他也会念经。所以以上我们虽然摸到它一点范围了，但那还不够，我们不能在海一般宽大的系统内翻筋斗。

社会科学的牌子的识别法，要记清下面这一个“门槛”。我们要知道社会科学虽然是人类运用他们的思维去研究社会现象的学问，然而，和其他一切学问一样，前面已经说过社会科学并不是人类凭空创造出来的，而只是社会存在的反映，加添了一点理论的整理，它要受社会的存在限制，为社会的存在所规定。这一点，首先交代后，就可以想到社会现象虽被千万人所研究，社会科学牌子的杂，并不像人的面孔一样，各人有一张的。

人这东西虽然会造假货，但在思维方面却不容易装假。你是与某些人同过的某种社会生活，你的思维方面就不知不觉的盖上了某一个生活圈子的印子，你对于人世看法自然与自己的生活成一致。你是另一种生活圈子内的人，你自然会接受另一种思想、另一套对世界的看法。“婢学夫人”是有点露马脚的。

人类社会这东西自有史以来六七千年，社会生活就有了分裂。一部份人不大劳动，坐享别人劳作的结果；一部份人，终生劳动，将自己的劳作的结果呈献别人去享用。这种现象，真是“自古已然，于今为烈”。古代有奴隶和自由民，中世有农奴和领主、职工和东家，现代有所谓有产者、无产者之分；这些不同的社会生活群体，他们被生活的利害造成了他们生活的成见，永远双方红着眼睛相见，各有各的看法，永远不会调和和相让的。

社会现象本来就是由这些生活不同的角色扮出来的红脸对白脸的戏目。但同以社会现象为研究对象的社会科学，却因人们站的方向不同，所以对于每一现象的解释也就各有各的说法。然而真理却只有一个，在各种抬杠中，必有一个是虚假。

真的方面，应该是忠实的做到发现社会现象的本质，发现社会现象的因果法则，发现它的发生、成长与灭亡不断运动的法则，发现真理。

假的方面必然与这相反，它一定装腔作调的，辩护现状的利益，掩盖丑恶，以研究现象表面为满足，不愿追求本质，更不敢去发现因果法则；他注意的是静止，是隐藏真实。

这两方面的人，实在生活上本来是针锋相对的，因此在理论方面，在社会科学的领域内，就造出不同的两套。

一套是维持现状，巩固他们优越的社会地位，它带着宗教的经典的性质；一套则为打破现状、认识真理、解放自己，带着战术的性质。

因此，同一社会科学名义下，有两种不同内容的东西出现。

拿几个例子来说罢。譬如在书坊的架子上，我们看到许多经济学原论的书陈列着。打开一本来看，它里面是用了什么消费、生产、交换等篇章去说明现社会的经济现象。另一本，则目录变为商品货币、资本生产进程、资本流通进程、资本的总进程，这样去说明现社会的经济现象。这两本书，就是站在两种不同的立场写的。一种是分析表面，夸大现象，歪曲现实；一种是在分析现象，发现现象的本质，寻求资本主义经济的动律。我们到四马路各书店去，就可以看见李权时的《经济学原论》与拉比士多《政治经济学大纲》摆在一个玻璃柜内。

社会学、政治学，所有一切社会科学都会有两种，有内容完全不同的两种。

不过，在目前的社会内，一切东西都给与有财产的人所独占了。在中国又几乎一切东西都给帝国主义者所独占了。所以在市面上社会科学书籍这东西，实在劣货多过真货。不像王麻子被人冒牌，王麻子到底是第一家，知道的人多，货色本来就走遍天下的。新的社会科学，是后来居上，真像一颗珠子落到万颗鱼目内。

是的，真伪标准的来源，我虽能还它一个三清四白了，但是今日的劣货也常会冒别人的商标的，冒得挺像的。在哲学方面不是现在有些文化奸商正拿什么物质论、什么高而新的方法做幌子在那里招摇惑众吗？

我们有了标准，自然就增强了我们的鉴别力。但是我们应如何去锻炼鉴别力呢?

第一，我们看一本社会科学书，无论是概论、原论，或某一门类，我们读一篇文章，无论是社论、短评、专论、演说，或者我们听一个人说话，我们先要看它的内容是否有铁一般的事实做根据；如果它不顾事实，虽然他无心作伪也必落得作伪无疑。根据事实，如果不能用正确的科学方法，那也还不能得着正确的结论，所以铁的事实必与动的逻辑结合，才能发挥认识的真的力量，才能正确的解答各种问题。我们晓得，在理论上作伪的人第一就是不顾事实，不敢看事实；其次就是怕看实践的发展，不敢用动的逻辑。譬如现在各野心国家的爱国主义者，他要这一套爱国的理论，无论他说得如何高明，总经不起国内事实的打击。意大利的侵阿是振振有辞了，但那只能骗骗受了黑衣党麻醉的少数落后份子；爱国主义还是不能不与屠刀相结合，就因为它完全是谎言了。

第二，就是看一本书或文章或听一个人说话，我们要看它的内容是否能够毫不隐讳的暴露现实。暴露现实，把一切丑恶真相揭穿出来，对于有意欺瞒人的人是办不到的。因为自己或群体是造成现实的主要角色，揭穿真相，同时就是坍自己的坍台。一个亏空了的商店，他要倒人家的账时，总是隐藏真相，说自己尚有法子可以支持，决不肯说："我不能维持了!"但是拿这个去检查人们的言论，去鉴别书籍的真伪，那倒是再好没有的法子了。富有改造现实精神的人，则不然。他要改造现实，就首先要知道现实，敢于面见现实，所以他怕的是知道得不清，还有什么没有发现。他不怕见太阳，一切都要在阳光之下进行。

第三，就是看一本书或文章或听一个人说话，我们要看它的内容的立场是否是为社会发展的利益而说话，是否为大多数人的利益而说话。一本书，一篇演说，一篇议论，如果他只看见自己，看不见自己以外还有社会，还有无数的人，而只为自己的利益说话，即令他的话说得天花乱坠，那有什么价值？那些话都是假话、谎话、骗人的话。富有改造现实精神的人，他看见的是发展，是多数人的力量，个人的利益是包含在大众全体以内。所以他所说的话是代表大多数人的利益，不仅是只为了自己个人或群体的少数。这一点也瞒不过别人的呀！

总而言之，统而言之，王麻子剪刀总还是王麻子的剪刀。冒着王麻子之名而混进市场中的一切劣货，虽能欺得一些没有经验的顾客，但欺骗的买卖是做不长久的。何况是学问呢？

在作为顾客走进市场前，我们希望每一个人是有一点市场上的常识。

一切理论上的歪曲，均逃不过以上三个试金石。这简明易懂，并且易于应用，是常识一样的平凡，但同时它也是真理。

根据这个标准我们去选择我们所要自学的社会科学罢！

怎样研究自然科学

艾思奇

（一）诊　断

世界上没有真正的万应灵药。如果有谁希望单用一种药来医治百病，那结果将一病也不能治。一药不但不能治百病，就是治一病，也得要懂得“对症下药”的妙诀，斟酌病人的体质，衡量病势的轻重，然后来定用药的成份。现在讲自然科学的研究方法，也正和开一张药方一样，这张药方的应用，是有一定的限制的。同是属于肺科的病，有肺炎、肋膜炎、肺结核等等的不同，而用药也大大差异。同是属于自然科学的研究，因研究人的目的不同，而方法上也就有分别。想从自然科学的研究中得到一种专门技术的人，和想求得高深的自然科学理论的人，其研究方法就不能一致；想求高深理论的人和初学自然科学的人，又不能用同一的方法。我们现在不是替专门技术家开药方，因为这有工业专门学校负责；也不是开给研究高深理论的学者，因为高深的理论是要专门的学术家才能胜任的。我们临床的病人是中国的一般如饥如渴的初学者，在自然的知识方面，他们患着虚弱贫血的症候，他们所急需的是基本的滋补品，不是专门的技术，也不是高深的理论；但笼统的说虚弱贫血，自然还不够，我们还得要指出这症候是那几点，或需要医治的是那些地方。

第一个症候，是患者对于自然界的现象认识得太不够。所谓不够，是需要解释一下的。有些人以为对于自然要认识得够，必须要懂得各方面的专门的自然科学理论。这个“够”的标准，就未免太定得高了。如果一定要固持着这个标准，初学者恐怕永远也达不到，就是专门学者，也不见得就一定可以达到。我们所谓的够，是要对于自然的变化发展有一个系统的知识；我们不需要百科全书一般虽然包罗万象，然而是杂乱无章地排列着的知识，也不必要那种精深专门然而偏于一小部分的研究，我们需要知道的是自然现象各方面的联系及自然界进化的过程。怎样从简单的自然现象进化到复杂的现象，由无生物进化到有生物，以至于更进到人类社会又是一些什么情形？这是我们所要了解的最主要的问题！我们的初学者，多半是失学的人，有的对于自然科学全然没有接触过，有的虽然接触过，却只知道一些片段不全的知识，像那种有系统的了解是做不到的。这就是所谓认识不够的症候之一，需要在现在开方疗治的。

第二个症候，是不能应用自然科学的知识来解决实际生活中的疑问。这和第一个症候是互相关联的，要能够应用，自然先要认识得够；认识不够，当然不能应用自如了。我们当前的生活问题，根本的说来，本来是一个社会问题；解决社会问题的关键，根本还是要赖社会科学。但社会中还有许多事件，必须有自然科学知识的帮助，才能够解决的。例如种种的迷信和种种的传统思想，因为我们没有正确的自然科学知识，其麻醉的力量就无法根绝。最近我们还接到许多读者来问狐仙鬼怪是否存在的疑问，去年的什么科学灵乩、科学神算等也曾迷惑过很多的人；一切神怪的迷信，常常被社会上一般代表恶势力的人用作工具，用来压迫我们困苦的人民。他们为要达到压迫的目的，是故意要用这些东西来蒙混我们的认识的。在这种情形之下，我们研究自然科学，也正是为要得到一种能够和恶势力作战的工具。他们布的是鬼神的迷魂阵，我们要用科学的光明来冲破它。总之，我们研究自然科学，不仅仅要把自然现象认识清楚，并且要能够应用所认识到的，来解决实际所遇见的问题。许多对于自然科学已有相当研究的朋友，虽然对于自然现象多少已经了解了，然而对于当前所遇见的事情，仍不能保持自己的主见，这是认识不正确的缘故，也正是症候之一。

以上的两个症候，已经说过本来是专指我们的初学者而言的。但是，就好像肺炎和肋膜炎常常和结核有关系一样，学专门技术和专门理论的人也未尝没有同样的需要。专门家因为所研究的太偏于一方，每每得不到有系统的认识，也每每除了自己所研究的一部分外，就不能够有合理的认识。这和上面所举的两点症候是一致的。所以，这里的研究方法，虽然是为初学者开拟的药方，然而滋补的效力，却不一定完全要限于初学者，别种的虚弱症也仍然有效，不过对于初学者比较多“对症”一点罢了。

（二）处　方

我们的处方第一不能不顾到初学的朋友们的生活情形，他们生活困难，读书的时间很少。在这很少的读书时间里，又不能全部拿来研究自然科学，还要读社会科学方面的书，所以开出来的药方，不能不极力从经济上、从节省时间上着眼。虚弱病者的胃口是不良的，怎样用最少最精的滋补品获得最大的效力，是我们的一个顶大的问题。现在先把我们需要调理的地方是那几点，和调理的步骤开列如下。

第一点是自然科学各科的知识，应该大略地都懂得一点。这是初学者第一步的必要步骤，但这当然也并不全限于初学，就是一个做专门研究的人，也不能不在他所专门研究的一科以外，再具备各科的普通知识。但能够作专门研究的人，他们有很多时间可以从容的由各科的教科书上去研习，我们的初学者却没有这么悠闲！他们不能够把砖样厚的各科教科书拿来按步就班的读。他们需要的只是包罗各科的常识书，像科学大纲、少年自然科学丛书，这一类浅显而又包罗全备的出版物，才适合于他们的需要；也只有从这些出版物中去吸收基础知识，才合乎经济便利的原则。

第二点是要对于第一点所得到的知识加以整理。这是第二步的必要步骤。科学大纲之类的书籍并不是很有系统编成的（当然也不能说全无系统），但我们不需要零碎的知识。前面已经说过，对于自然要认识得够，必须要知道自然界的发展过程。所谓整理，就是要把自然界的一贯的发展过程弄清楚。如宇宙怎样由星云凝结成地球，接着地球上又发生生物，生物又由低等进化到高等，最后进化到人类，成为人类的社会。要了解这一连串的过程，单读前面的两种书是不够的，必须再有补助的读物，如《宇宙生物及人类之进化》《天演论》或《进化浅说》《马克思主义的人种由来说》等。

第三点，就要了解人类社会和自然科学的关系，人类社会的旧迷信传统和旧势力怎样冲突？这就是第三步要研究的事件。这一步要想很省力地达到目的，是比较困难的。因为找不到比较完满的著作，我们只能费力一点，由两方面来研究。一方面读一点自然科学史，一方面从社会科学中找一部分比较有关系的书来研究。第一方面，可以读《西洋科学史》，第二方面如《社会意识学大纲》里关系科学的部分可以作参考；《历史唯物论入门》一书，对于这方面的了解很有帮助，也可以拿来一读。此外如伊林著的《十万个为什么》和《几点钟》，不但把科学知识和日常生活结合起来，并且有时也说到自然科学发明与社会的关系，可以做补助的读物。还有《自然科学新论》一书，第一二章的部分也是论到这一个问题的，这尤其值得参考。

第四点就可以对整个自然科学的理论作比较深切一些的研究。我们这张药方到这里可以算做最后的一步了。书籍方面可以读一些与哲学有关系的著作。前而说的《自然科学新论》和《自然辩证法》，都是我们要读的书。此外还有一本《现代哲学概论》，虽然是专门的哲学书，也可以供参考之用。

已经说过，我们这药方是专门开给初学者用的，但希望做专门技术研究或理论研究的人，不要因此就以为不值自己一读。其实这是一个比较普遍的补剂，专门家的特殊的症候虽然不能满足，但单就根本的调补意义来说，是无论初学与专门者都值得摄取的。

（三）药　性

我们在上面所选定的几本书籍，就等于医药处方上的几剂药品，每剂药品的性质与别一剂都不相同，有好处也有坏处，能治一经也同时会伤一经，所以我们不能不辨别一下，看清楚那有毒的地方小心应用，免得无意中受它的大害。现在先把它们一剂剂地开列如下。

（1）《科学大纲》，商务。

（2）《少年自然科学丛书》，商务。

（3）《宇宙生物及人类之进化》，开明。

（4）《天演论》，商务。

（5）《进化浅说》，商务。

（6）《马克思主义的人种由来说》，春潮。

（7）《西洋科学史》，商务。

（8）《社会意识学大纲》，大江。

（9）《历史唯物论入门》，新生命。

（10）《十万个为什么》，开明。

（11）《几点钟》，开明。

（12）《自然科学新论》，辛垦。

（13）《自然辩证法》，神州。

（14）《现代哲学概论》，骆驼。

先说《科学大纲》。这部书在中国的自然科学著作中，可以算是比较完备而通俗的了，可惜还有一个缺点和一个害处。一个缺点是，不用白话写而用文言，这把通俗的效果减少了；至于它的害处，是著者也和大多数美国哲学家一样，抱着实用主义的态度，这种态度的毛病就是不问事实的真假，只要有实用的效果便承认下来。所以这著作的选择内容便失去了严格的科学态度。例如灵魂学一科，本是荒诞无稽的，著者也把它加进科学大纲里去了。如果读者不明白这一点，就要受它的毒害。总之，在这部书里，灵魂学和灵乩学的部分可以全部去开不读。如果读者嫌这样麻烦，那么改读《少年自然科学丛书》好了，因为这一部书用白话写，读起来比较省力一点。

其次，关于《天演论》。这也是一部比较通俗的著作，然而也是因为译者用拮屈聱牙的老古文译出来，读起来未免困难，所以不妨用《进化浅说》来代替。

此外的一些都不必多说，但《自然辩证法》和《自然科学新论》二书，也得提几句。《自然辩证法》是四十年前的著作，《自然科学新论》则出版比较新近，后者大部分是根据前者著作的。前者比较没有系统，而且都是四十年前的旧材料，所以单读后者也就行了。不过后者有一点遗漏的地方，就是在前者所举出的辩证法三大定律中，后者只采取了“矛盾统一律”和“质量互变定律”，而将“否定之否定律”忽略了，这是它的一个缺点。如果有工夫的话，应用前者来参考的。

这十四剂药品中有《科学大纲》《天演论》《自然辩证法》可以省去，结果必需的药品是十一剂。要全部修了，大致七个月至十个月的功夫就行，这要算是最低限度、最经济的程序了。

怎样研究政治经济学

张仲实

要研究政治经济学，我觉得先要打破两种偏见，对于这门科学须有个明了而正确的认识。

那两种偏见是什么呢？第一种偏见，以为政治经济学太枯燥，常常在玩弄些统计数字，读起来就要头痛打盹，没有看小说那末有兴味。这是很不对的。记得有个大学者曾有一句名言说："现在的世界是数字的世界。"意思是说，在今日，统计材料，有非常重要的意义。我们看到，资本主义先进的国家，都有很完善的统计机关，每周、每月、每季，以至全年，全国生产若干、出入口若干，物价是涨是跌、金融状况如何等等，都有完善的统计，令人一目了然。事实上，一个统计表往往比一篇长文清楚而明了，而且统计数字可给人一个具体而明确的观念。譬如我们常说美国很富，中国很贫，然而美国究竟富到什么程度，中国究竟贫到怎样程度，却很模糊。我们把美国驻华商务参赞安立德氏所制的中美经济状况比较表一看，便可知道。就一些顶重要的经济部门言，中国的铁道，只及美国的百分之二·七；中国的煤炭产额，只及美国的百分之四·一；中国每口人钢铁的消费，只及美国的百分之〇·六；中国电厂的发电力，只及美国的百分之一·八；中国的对外贸易，只及美国的百分之一二·一；中国全国所有的汽车只及美国的百分之〇·一而已。其他各项事业，中国更小得可怜。这时，我们脑中对于中美的贫富，是多末具体而清楚的了。所以，一个完善的统计表，有时是很有兴味的。

第二种偏见，以为政治经济学没有哲学那样重要，仿佛哲学是学问，政治经济学不是学问似的；常常有人以研究哲学为荣耀，言下有鄙视研究经济学之意。现在我国社会上的一般心理，也是如此：一个哲学家，很受人推崇；而一个经济学家，则湮没无闻。这也是很不对的。哲学固然重要，但它只给我们宇宙观，只给我们以认识世界的方法论，社会上有许多的问题，它却不能解释。譬如拿目前的一个事实——白银问题来说：记得在一九二九——三〇年银价暴跌的时候，一般却以为于我国有害，纷纷讨论，群谋补救之法；现在银价上涨，岂不是刚合于初意了吗？为什么社会上却人心惶惶，都主张反对美国提高银价政策呢？银价跌落固然于我国有害，为什么银价上涨于我国也不利呢？要弄清楚这些问题，哲学无能为力，除非借助于政治经济学不可了。同时，我们知道，经济结构是社会的下层基础，凡政治、宗教、法律、艺术等体系都是建筑在这个下层基础上面的。经济下层基础一变动，全部庞大的上层筑物也随之而或急或慢地崩溃了。这一公理，现在谁也不否认的。所以，要明了社会的上层建筑物，须先洞悉它的下层基础；要洞悉它的下层基础，只有去研究政治经济学。因此可说，政治经济学是社会科学中一门最基本的学问。再举一个例子说，譬如不懂世界大战后资本主义发展的特征，便不能了解目前国际形势的趋势和资本主义国家内部社会的不安。总之，惟有政治经济学才能给我们说明现代社会的一切敌对和榨取方式，才能探讨它们的演进，才能证明它们的过渡性及它们转变为他种方式的必然性。这哲学是更不能胜任的啊！

其次，在研究政治经济学时，我以为首先应当弄清楚关于经济学对象的问题，换一句话说，要弄清楚究竟什么是政治经济学呢？

我们知道，古典派（代表者为亚丹·斯密、李嘉图等）给政治经济学所下的定义是研究财富的科学；现今大多数资产阶级的经济学家则认为政治经济学的对象是经济。但是谁都晓得，所谓财富这一概念是很空洞的，是非科学的。它在各时代的内容，各各不同。譬如在自然经济社会里，所谓财富者，系指所保藏的能满足人们消费的一切物品而言；凡谷仓、牲畜、工具及其他个人或社会使用的资源，都叫做财富。但在交换社会里，“财富”概念又带着宝物的性质，凡是有商品、有金钱的人都称为富者。这时你虽然没有一座房屋，没有一匹马，也没有存下粮食，更没有其他消费品保存下来，但是你只要有钱在银行里，也一样是个富翁，而且是个最富的。

“经济”一词，也笼统模糊，各人的解释不同。索尔柴夫氏说得好：“凡科学名词，须明了、精密。它的本质，我们可以准确而肯定地说出来，但‘经济’一词，则离此太远。假使我们不加任何分析，而把‘经济’两字作为确定政治经济学研究对象的基础，竭力把一些作为理论经济学对象的特定现象硬放在‘经济’这个字眼之下，那就糟糕了。这时会马上发现，‘经济’一词是一个非常不肯定和非常广泛的概念，不能作为政治经济学对象的好多现象，那可放在‘经济’这个概念之下。……总之，我们可得个结论说，‘经济’一概念绝不能使我们来说明政治经济学的对象，只有把它丢掉了。”

所以，不论“财富”也好，也不论“经济”也好，都不能作为政治经济学的对象。

在苏联，关于政治经济学的对象的问题，曾有过很长久而激烈的辩论。在这一辩论中，主要的意见可分为两派，一叫唯心派，其代表者为孟塞维克（少数派）、鲁滨和托洛斯基主义者；一叫机械派，其代表者为波格达诺夫、史切班诺夫及布哈林等。

唯心派认为政治经济学只限于研究商品资本主义经济的法则。其理由是在资本主义社会里，盛行着交换，自发的市场法则作着支配地位，故须加以研究；而在其他没有自发的市场交换的社会形态里，人与人的关系，极其“简单”，没有可供经济学研究的材料。同时，此派把生产力归于自然现象以内，把生产关系归于社会现象以内，因而主张政治经济学只应研究生产关系，而不应研究生产力。此派的错误，就在倒因为果，不知道交换是在生产的基础上面生长起来的，换一句话说，交换是由生产决定的。同时，他们把生产关系只视作非物质的精神现象，据鲁滨说，在其中“我们找不出一粒物质原子来”。

机械派认为生产力是“自然物”——工具、生产手段及人——的总和，生产关系是人们在空间和时间上的配置，并且将人只视作一种“活的机械”；因而，此派主张政治经济学只应将生产力与生产关系并列地来研究。这派的错误是把人类社会和社会物质生产的特殊发展法则，归纳于比较简单的自然法则；将研究社会生产关系的政治经济学的对象跟研究各个生产力要素（生产工具与手段）特征的技术科学的对象看做一个东西了。

苏联学术界关于这个问题的辩论，自革命后开始，直到一九三一年才告结束。上述两派的意见，现在自然已经被肃清了。

然则，政治经济学的对象究竟是什么呢？我们知道，人，不能吃风拉屁，须向自然界获取生活数据。同时，我们更知道，人，不能离群而索居，须联合起来，才能组织生产，跟自然界作斗争。所以，人们在其社会生活中，加入于一定的、与自己意志无关的生产关系中，这生产关系是跟他们物质生产力的某一发展阶段相适应的。这种生产关系的总和便构成了社会的经济结构——实在的基础，一切法律的和政治的上层建筑物都建立在这个实在的基础上面，这，在前边已经说过了。因此，我们可说，政治经济学的研究对象，就是在生活数据的生产与分配过程中与人人之间所发生的这种生产关系。不过我们晓得，生产关系是在不断地变动和发展着。因之，我们更再确当些说，政治经济学的任务是在研究某一生产关系发生、发展及灭亡的特殊法则。

这儿还应当注意的，就是广义政治经济学与狭义政治经济学之分。凡是研究一切经济形态的根本特点及其发展、灭亡，与夫彼此递变的，就叫做广义政治经济学；若单是研究资本主义发生、发展，及灭亡法则的，就叫做狭义政治经济学。

物理、化学、电学等等，须有完备的试验室，才能谈到研究；但政治经济学则不然，它可随时随地来自修。起初可研读数种基本的理论著作，先求得基本的知识，然后再去注意时事的经济问题。因为你没有政治经济学的基本知识，那实际的材料是无法运用的，更谈不到正确的分析了。开始读理论的著作时，若感觉乏味，可联合几位朋友，先约定题目和参考书，限期看完，然后集合在一起来共同讨论，各发表自己的心得。这时不但兴味浓厚，而且所得的知识是很深刻的。……

怎样研究地理学

李长傅

（一）地理学之定义

地是地球或地面之意，理是理论即理性，地理就是地球表面之理论。把地面上发生的许多现象，用理性说明之，这就是地理学是也。《易经》上“仰以观于天文，俯以察于地理”。这是“地理”名称之由来，英文作 Geography，出自希腊字 Geogra Phia；Geo 是地之意，Graphia 是记载之意。可是记载如若是经验的旅行记等，不必用理性来说明的，因此 Geography 不一定就可以说有科学的地理学之意义。所以德国学者，另起一个名词，叫 Erdkunde，才是名实相符的“地理学”之意。

由地理学的语意，再下地理学的定义。可是地理学的对象是地球表面，这地球表面太广泛了，怎样用科学的方法来记载呢？实在还没有一定的方法。所以一般学者所下地理定义虽多，实在没有一个可以满意的。现在且将各家所下的地理定义，列举如下：

（1）地理学是记载地球的学问。

（2）地理学是研究地球表面诸现象分布的科学。

（3）地理学是讨论地球与人类关系的科学。

（4）地理学是讨论土地的形态与空间关系及予人类影响之科学。

（5）地理学是自然的无机因子之原则与有机因子之活动中间关系的科学。

（6）地理学是讨论地壳上起伏之形状并讨论研究此等形状及予其他之现象分布上影响之科学。

（7）地理学是研究大有机体之状态与其构成部分的空间关系之科学。

综观这许多定义，大概可以窥见地理学真理的大部分。至于何以没有一个确定的定义呢？这由于地理学还是一个综合的科学，它的本质还没有确定呢！

（二）地理学之范围

如若依这些定义来决定地理学的范围，就是地理研究的对象，是地球表面，这地面就是它的范围。推而论之，研究月球的表面，不是地理学。其次，以地壳为基础来研究地球内部的状态，也在范围之外。再次，研究大气中的诸现象，也在地理学之圈外。只有地球的表面，才是地理学的舞台，但是气圈、陆圈与地面接触之点，也应纳入地理学范围之内的。此舞台上的诸现象，以人类的活动为主。用科学的方法，来研究人类在地面的活动过程，这就是地理学的使命。我国某教授曾说：“地理学是百科之纲领，常识之宝库。”这就是不明地理学范围之故。

（三）地理学之考察

然则如此，真正科学之地理学的考察，是用怎样的程序，就怎样的事项来检讨呢？就是第一步先来考察在地理发生的地理诸形态和地理的诸现象。观察（Observation）和实验（Experiment）是研究自然科学的二要素。地理学就是以地面为对象来观察和实验的科学。又因研究的目的，而发见地理法则（Geographical Law）。或问地理的观察是可能的，但是实验怎样行法呢？则答之曰："地理学的实验室，即野外（Field）是也。"就是地球的表面，常常是实验场，□[1]人随时随地，可以做实验工作的。

其次，再讲那地理的法则，是什么呢？就是德国人文地理大师拉赛尔的分布区域之法则，德国立德儿氏、法国白兰士氏的一般地理的轮回之法则，德国洪波德氏的地人间因果法则。就全是伟大的先进学者，所遗留给我们的遗产。

分布区域的研究法，地理的诸事物如何扩充于地面，即检讨用如何方式而分布之情形，所谓 Where 之意是也。其次轮回之法则，一地理现象之研究，与地球其他地方同样现象相比较，而发见该样现象变迁一定之法则之意。例如美国大卫士氏之主张地形进化之法则（幼年、壮年、老年）是更进一步则发见地理现象存在之各种理由，即所谓因果律，所谓 Why 之意。一城市的成立，决不是偶然的，而有种种原因求此自然条件下发生的文化景相、其不偶然之理由。此二个法则，决不是互相分离的存在，而是互相沟通、直相关联而考察地理学的一切。

（四）地理学之分类

把地面上的诸形态和地理的诸现象，作罗列的记载，这算不得地理学。真正的科学，要把地面的诸现象，用地理的法则来说明之，讨论之，才能把握了地理科学的真面目。可是地球表面上的现象千罗万象，有喷火的火山，有波涛汹涌的大洋，

[1] 原书此字模糊不清。——编者注

有万紫千红的花草树木，有肤色迥异、装饰各别的居民，有此疆彼界的国家。其研究的对象，极其复杂。而复杂的事象，不外属于自然及人为二类，山川、气候、生物属于自然，居民、政治、经济、交通属于人为，所以一般的学说，把地理学分为自然、人文二大类。若就其研究的方法而言，又分为普通地理学和特殊的地理学。普通地理学，是就地面一般的现象而讨论之；特殊的地理学，则选择地面的一部分而专论之，就是所谓地志。兹列表如下：

- 地理学
  - 普通地理学
    - 自然地理学
      - 天文地理学
      - 地形学
      - 水界学
      - 气候地理学
      - 生物地理学
    - 人文地理学
      - 经济地理学
      - 政治地理学
      - 人类地理学
      - 居住地理学
  - 特殊地理学……………………地志

现在再把自然、人文二者的关系，再列一表：

- 地理学
  - 特殊地理学（地理）
  - 普通地理学（地理通论）
    - 人文地理学
      - 政治地理学
      - 经济地理学
      - 人类地理学
      - 居住地理学
    - 生物地理学
    - 气候学
    - 水界学
    - 地形学
    - 天文地理学

地理学因对象性质的不同，而分为自然地理学、人文地理学二类，前者属于自然科学性质，后者属于社会科学性质；所以研究的方法，也因之而异，前者用自然研究方法，后者用历史研究方法。这样成了个二元论，那令学者无所适从了。所以最近地理学的趋势，不得不注重人地关系的研究。

人地关系之研究，由拉塞尔氏集其大成，经德法学者继续的研究，而成了现代地理学最高峰。人地关系研究的结论，是人与地相对立的，地（自然环境）如何支配人类，而人类如何适应自然，就是所谓人地交互作用。此作用列简表如下：

自然环境　　　人类

自然力⟸⟹文化力

最近德国唯物史观地理学者，温特福噶尔氏据马氏学说又主张自然对人类不能直接发生作用，自然依劳动过程——劳动力、劳动对象、劳动手段——为媒介方才在人类社会中发生作用（详见拙著《地理学研究之新阶段》，载在《地学季刊》第二卷第一期）。所以地理学是一元的而不是多元的，可谓开地理学研究的新途径。我们研究地理学的人，也应当向这趋向去做的。

为篇幅所限，不能多所论列。著者现在正草一本《地理学方法论》，不久拟就正于读者诸君。

怎样读小说

立　波

保持着中国传统观念的绅士先生们，对于小说是瞧不起的。记得在小学里，一个历史先生有一次问我看了一些什么书，我说，看了《三国志演义》《西游》……“《三国志演义》么?”我的话还没有说完，先生就仿佛受了什么侮辱似的说：“快不要看那样的要书子，要看‘四史’里面的《三国志》，陈寿作的。”

小说，在老先生们的“正经”的眼里，是邪道，是闲书。甚至于许多有天才的小说作家，做了一些小说，一定要把他们与父母相关的真姓实名隐去，好像这是犯了罪，遗误了苍生，遗羞了祖父似的。曹雪芹如果做的是一部《五经注疏》，我相信他一定冠冕堂皇的宣布了他的籍贯姓名，决不至于劳我们的胡适博士去多方考证的罢。

多少带着一些时代聪明的读者也许要笑：“这是废话，这是已经过去了的五四时代的问题。”然而稍稍留心现实的时候，就知道护卫小说的庄严就是现在也并不全是废话。固然我们看到了作小说、读小说的压倒的趋势，但是同时我们也看到了读经存文的狂叫，这种复古的潮流，是要把二十世纪的人生拖到尘封已久的故纸里去，是要威吓那反映社会生活的小说的庄严的存在的。

而且，就是许多新人，也常常中了旧的流毒，有意无意的把小说看成了消闲品；一提起读小说，很容易使人联想到仰卧在沙发上和床上的懒洋洋的光景。我们也可以看到许多的大杂志，总把小说一栏当做可有可无的附录，“正经”文字多的时候，无论什么有价值的小说都可以被挤掉的。这都是对于小说的传统的歧视的残余的表现。

带着趣味的面影的小说，其实是最严肃的东西。人生有多少严肃，反映人生的小说也就有多少严肃。否认小说的“正经”的，一定是不理解小说的真正意义的人，要不然就是嬉戏人生的公子。

读小说的游戏的态度，是要辜负作者的。伟大的作家都是带着无限的严肃和崇高的目的去作小说的。高尔基是为了充实贫乏的生活，为了表现丰富的人生印象，开始写作。巴尔扎克更明确的主张：“文士是应当以人类之师自任的。”再看鲁迅罢：

说到“为什么”做小说罢，我仍抱着十多年前的“启蒙主义”，以为必须是“为人生”，而且要改良人生。我深恶先前的称小说为“闲书”，而且“将为艺术而艺术”看做不过是“消闲”的新式的别号。所以我的取材，多采自病态社会的不幸的人们中，意思是在揭出病苦，引起疗救的注意。

自然，小说家有时也笑，但常常是“装点欢容”的庄重的笑，要不然就是迎接新的时代的深意的欢呼。

我们又知道，伟大的作品常常是天才的几十年的辛苦的经营。龚察洛夫的《奥布洛莫夫》、佛罗贝尔的《萨郎波》都是做了十来年的小说，而哥德写《浮士德》，竟花了六十年的工夫。动不动就是几十年的天才的心血，难道值不得我们一天的严肃吗？

小说不但是以严肃的态度表现人生，而且是以科学的精神处理人生的。伟大的作家常常把自己的工作看做科学的工作。巴尔扎克说：

凡读那称为历史的这一种枯燥而可厌的目录的人，总会觉到，一切国民和一切时代的文学者们，忘却了传给我们以风俗的历史。我想尽我的微力，来补这缺憾。我要编纂社会的情欲、道德、罪恶的目录，聚集同种的性格，而显示类型（代表底性格），刻苦励精，关于十九世纪的法国，做出一部罗马、雅典、谛罗斯、门斐斯、波斯、印度诸国惜未曾遗留给我们的书籍来。（根据鲁迅译文）

看了上面那一段话，我们可以知道，巴尔扎克是以历史家的态度创作小说的，同时，他又确信："文学必须是社会的生理学。"我们再看高尔基的话罢：

艺术家作为自己的社会层和自己的时代的客观的历史家而显现的例子，是非常多的。在这种场合，艺术家的任务的意义，是和研究动物的生存，和食饵的各种条件，以及繁殖和死灭的各种原因，同时描写他们的残忍的生存争斗的姿态的自然科学者的任务完全相同的。

所以，我们主张读小说的时候，应当有对于人生的严肃态度和研究科学的睿智。在没有打开一本大作家的著作的时候，我们首先要问一问自己："我读这本书，是不是仅仅为了一回浅笑？"如果是这样，还是不要读书，到什么乐园去吧，那里的江笑笑、陆奇奇之流，也许更能满足我们的要求。

记得有一个批评家，要求科学书籍的读者，要有金矿夫的勤勉：要卷起他的衣袖，擎好他的鹤嘴锄。读小说的时候，也是一样，在没有打开封面的时候，我们要问："自己的袖子扎好了没有？自己的理智的鹤嘴锄准备好了没有？”如果没有的话，可以保证他是不会掘到书里的金矿的。

自然，我们并不是说对所有一切的作品都应当这样。对于为艺术而艺术的作品，对于性史一样的无聊的作品，对于是泻而不是写的粗造滥制的作品，当然用不着严肃和勤勉，而且我们主张最好不看。

我们也并不主张所有一切的人都应当严肃而勤勉的去读小说，这是不可能的。我们的忠告，单单是为了那些爱读小说的文学同伴而发。

书读一遍，算不得读了的这事，是读书界普遍的定论。乔治·勃兰提斯说，他认为有价值的书，总要读它十遍以上；有些书籍，他简直数不清他诵读的次数。乌谅诺富把托尔斯泰的《安娜·卡列尼娜》读了一百遍。高尔基得到了佛罗贝尔的《简单的心》，在小搁楼❶上的灯光下面，一遍又一遍的揣摩着，好像摩弄一件艺术品一样。没有一个伟大的艺术家和思想家，对于自己中意的作品，只读一遍的。只读一遍，对于那书的真正价值是不会知道的。我们读了一遍的作品，过了许久再读的时候，常常可以发现许多连自己也吃惊的新的东西。

也有许多人以为“读小说就是读自己”，在小说里发现自己的思想和生活的真确的记录和表现。这当然也是读小说的常有的结果。一个带着怀疑气质的知识分子，一定可以在《哈姆雷特》中发现自己的许多明划的形象；一个稍为疏懒的人，一定在《奥布洛莫夫》里看见自己的行动和言语；一个崇拜东方精神文明的英雄，一定和“阿Q”深表同情罢。发现自己，是读小说常常惹起的一种效果，同时常常也是作者的用意之

❶ “搁楼”，当为“阁楼”。——编者注

一，可是这并不是读小说的全部意义。读小说的更重要、更积极的意义，是怎样去发现自己以外的优美的东西。读者能够通过作家的艺术的形式的美，看到了改善自己的东西，这才不负作家的“改良人生”的原意，而艺术的教育的意义，才可算是完成了。

为着这样，对于作品的孤立的了解是不够的，我们一定要对于作者的思想和生活，都有相当的系统了解。这样，我们才不致把作家的意旨凭着自己的主观，与以歪曲和误会。因此，我们读一本小说的时候，最好能够同时读一读那篇小说的作者的生平和思想的介绍文章。我们常常有这种感觉：一个友人所做的小说，我们觉得分外的亲切。这不单是感情作用，而是对于他的生活和思想我们有透澈的了解，连他的作品中的微弱的脉息，我们都能够清晰的谛听出来的原故。

我和我的朋友都有一种习惯，在读完一部作品的时候，我们一定要找许多关于这部书的正确的批评来看；找不到的时候，我们要是都看了，大家就哗拉哗拉的讲，在芜杂的赞赏和叙述中，常常互相交换着读后的意见。读过了一部可爱的作品的时候，无论自己的见解怎样，听听人家的意见，总是十分有味的事。

乔治·勃兰提斯以为明了一个作家的几个作品的联系的时候，对于作品的理解是很有帮助的。明白了作家的一个作品和另一个作品的联络，系统地去读了它们的时候，“我们可以达到对于他和他的作品的更高的理解的境地”。

乔治·勃兰提斯主张对于一个艺术思想的起源，也应当加以追索。这当然不是一般的读者所能办到的。不过，我们可以由他这个提示，懂得要理解一个作品，除了在作品的本身上用再三揣摩的工夫以外，还要从那书外的许多思想和艺术的关联上去理解它。

如果时间充足的话，我以为高声诵读优美的作品，是最有益处而又非常愉快的事。许多作家，常常诵读自己的作品；如果读者也能诵读的时候，很可以浸入作者的文章的优美的境地的。乔治·勃兰提斯更讲了一个有趣的故事：

在丹麦，画家采特曼（C. Zahr lman）曾经把克利斯丁那（L. Christina）的《我的苦难的回忆》（Memoirs of My Misery）反复读了无数年。读这书的时候，他是这样的被吸引了，以致书里的可怜的被囚的公主成了他的一部分。这本书启发了他一长系新奇的重要的绘画。

诵读优美的作品，可以启发自己的思想，可以提高自己的修养，可以改进自己的生活。

不过，谁都知道，改进自己的生活，单靠小说是不行的。小说不过是实际生活的艺术的反映和认识。因此，要充分理解小说，反而要靠实际生活的经验。“如果我们对于人类没有相当观察的话，我们连欣赏一本小说也不能够的。我们不能判断它对于事物的描写的真伪”，勃兰提斯的这个意见是非常正确的。“我们一定要体验了实际的人生，才能够从书本里学到什么”。

怎样读戏剧

萧崇素

朋友，我要告诉你们怎样读戏剧。这是一个有趣的题目，并且也是爱好读书的诸位，应当注意的题目。

提到文学或艺术这类字样，再没有戏剧这样为近代人所注意而尊视了。你想到当一个作家，将他惨淡经营、苦心结构的脚本，搬上舞台，由那有修养的演员，把他创造的人物活在舞台上，又由那些人物把他的思想和情绪，直接诉于那无阶级差异、无智识差异的无数观众的直觉，使他们笑，使他们哭，使他们感激，使他们兴奋——艺术中除掉戏剧，还有甚么艺术手段，能达到这样普遍而直接的效能呢？

加之随近代物质文明的进步，近代的戏剧，已经吸收了其他艺术的特长和科学的帮助。他的内容，已经包括了电气的照明，剧场、舞台的建筑，绘画图案的装置和衣裳，以及音乐和跳舞。——所以谈到戏剧，已完全是个综合体的东西，他借科学、艺术综合的效能，成功一种最年青最有力的艺术的手段，做了现代人最重要的滋养品。现代人离不开他，已正像希腊时代的人离不开他的悲剧、罗马人离不开他的野外剧场一样了！

和近代人的生活这样密切的戏剧，我们应如何动手去读他呢？这里我们应当认清楚，我们不能像学究一样去读剧，把每个脚本，带进研究室去训诂考据，也不能像一个玄学家一样去读剧，要从希腊、罗马、莎氏比亚、莫里哀去家家拜访——因为这都不是一般人读剧的目的。我们应当先接近所谓“现代剧”（modern drama）的作品，他和我们的时代接近，那中间有我们同时代的希求与热望；戏剧那套技巧，在这里也非常成熟。思想、内容、技巧一切上，都可以启发我们。

我们要把“现代剧”作一个系统的涉猎，应当如何入手呢？这里且根据克莱克（B. H. Clark）的《现代剧研究》（A Study of The Modern Drama）一书，略加修正，立一范围如下：

（1）挪威剧：易卜生——般生。

（2）瑞典剧：史特林堡。

（3）俄国剧：托尔斯泰——屠格涅夫——契诃夫——安特列夫——高尔基。

（4）德国剧：霍甫特曼——苏特曼——惠底肯特——凯扎尔——脱莱。

（5）奥地利剧：巴尔——显克志劳——霍甫曼斯搭尔。

（6）法国剧：罗斯丹——罗曼·罗兰。

（7）比利时剧：梅特林克。

（8）意大利剧：邓南遮——皮南得窭。

（9）西班牙剧：倍那文德。

（10）英国剧：琼斯——淮尔特——萧伯讷——高士华绥——巴蕾。

（11）爱尔兰剧：夏芝——沁孤——格莱哥莉夫人——唐色尼伯爵——奥开色。

（12）美国剧：费其——荷瓦——格林——奥尼尔——爱姆·莱丝。

（13）犹太剧：宾斯奇。

我们应当从易卜生、史特林堡读起，因为这两人是“现代剧”形式的完成者。易卜生的剧，是用了七年的修养才写出的，因此内容坚实，为一般人研究的中心。

至于那同用英文的爱尔兰剧和美国剧特别提出一项使我们注意它，是为了两种戏剧，都替“现代剧”加增了新的意义。爱尔兰剧常常没脱离那反抗的色彩，即是那克尔特民族（Celtic）和盎格鲁·撒克逊（Anglos Saxons）斗争的色彩，这使现代剧有了革命的意义。美国为了小剧场的发达，在那摇篮里生长出来的“现代剧”，已经不是附在英国文学后面了事的东西。就奥尼尔和爱姆·莱丝的作品看，技巧上给现代剧开拓了一些新的领土——这些特点，都是我们读剧时，应当特别注意到的。

不上两世纪的现代剧的一切，都包含在上列的范围里。在我们的出版界，常常可以看到这些作家的翻译和介绍；有心的读者，正可以利用这些翻译，把他有系统地分类地阅读。这样做下去，定能对这代表了近代最复杂的文化姿态的现代剧不隔膜，懂得他艺术上的优秀。

十三个国度的代表作家，已经可以把现代剧的优点，完全告诉我们了。最使我们惊叹的，是那作剧技术的千变万化。对这一般使用的技巧，有无数理论家对它研究。他们对于一剧，常使用后列五个术语：

（1）序说（Exposetion）。

（2）上升（Development）。

（3）顶点（Climax）。

（4）下降（Demovement）。

（5）结局（Catastrophe）。

即是说，不论五幕、四幕、三幕、二幕或一幕剧，剧的发展都不外要依这五个步骤。例如最近各地公演的《娜拉》的三幕剧，若我们概括他每幕的大意：

第一幕，年青的美丽的娜拉，正为圣诞节的准备忙碌，为了她丈夫升任银行经理，更使她感到幸福。这时却有不幸的林敦夫人来访问她，要她对她帮助。她想到她丈夫没得意时自己所遭的困厄，从衷心里愿替林敦夫人帮忙。她要她的丈夫替她找位置。在林敦夫人走了后，继着来访的，是那使她感到欢乐幻灭的克洛克。他为他在银行的位置有为人夺去的危险，他用法律上的文书伪造罪来威胁她；因为她为救她心爱的丈夫的病，在她丈夫未得意时，曾冒用她父亲的名字向克洛克借款。这时他要她使她丈夫保留他的位置，就用这法律上的裁制来威胁她。但胆怯的娜拉，没得到她丈夫的允许。

第二幕，圣诞节的黄昏，娜拉正为苦恼压榨着，念着爱子，念着丈夫，念着幸福的家庭；但当一切暴露时，正不知自己是如何结果，惟一的想法，是想在领事的假装跳舞会里，扮着拿玻里的渔娘，还能和她丈夫幸福地过一些时候。恰恰克洛克果然免了职，他来对娜拉作最后的威胁，把暴露她秘密的信丢在信箱里。这时，知道一切的林敦夫人出来救她了。她要使他迅速地撤回那封信，但她丈夫却在他没撤回时就要去看那信箱。经她多方阻止，用练习她的跳舞为口实来阻止他。她拼命的跳，带着忧愁与恐怖的眼泪跳，想要阻止她丈夫在林敦夫人达到目的以前，看那信箱。

第三幕，楼上开着跳舞会，林敦夫人等候着克洛克。他们原来是爱人，她用温情说服了他，他不再做他的坏事。娜拉也等着她丈夫对她的变化，那爱情的奇迹。那晓得她丈夫发见信箱中的信时，异常忿怒，责她破坏了他的幸福，责备她的谎言和伪善，并没想到那借款是帮助了他。娜拉见冷冷地、继着意外地送来克洛克悔罪的信，并且把那签字的约据也送了来，她丈夫又欢跃起来，不再责备他的妻子。娜拉却非常凄凉，走到邻室里去，脱去那玩偶一样的舞服，穿上朴素的衣裳，声言她从前在家中作爸爸的玩偶，现在又作丈夫的玩偶，她现在不要人这样看待她了，她要去做个有自由意志的人，不再做玩偶。说完这话，就离开这家。

由上面看，我们明白第一幕有“序说”和“上升”的效用，而那上升正是克洛克进场带来的。因为有了他，这幸福的玩偶之家，才来了威胁和不安，以后都是这不安的戏了。第二幕完全用来写“顶点”。以那信和信箱为中心，到娜拉尽力阻止、尽力跳她的拿玻里的风俗舞，跳后含悲地坐在一旁不做声时，这“顶点”真有石破天惊的效能了。第三幕包括了“下降”和“结局”。这“下降”的键，握在林敦夫人的手里，而解决的方向，又握在主人公娜拉的手里。结果解决来了，代表欧州❶十九世纪女性的觉醒的娜拉离家了，全剧也完了。

这是一般剧本结构的规律，都由各人不同的天分，巧妙地拨用着。虽然有例外，高尔基的《夜店》，他全剧可以抽出任何一幕，独立出演，并且没有固定的主人公，却仍然是杰作。这却非有绝大手腕，没能应付。若我们的读者，得到一个脚本能用这方法去分析、考察，我想定会得到些意外完美的收获和领悟。

还有在近代才发展起来的“一幕剧”（One act play），这是爱好戏剧的人必须要注意到的新东西。“一幕剧”在爱尔兰最发达也最好，几乎一般人把“爱尔兰剧”当成“一幕剧”的

❶ “欧州”，现作“欧洲”。——编者注

代名词；在那里出了一些了不起的一幕剧的作家，每个都作得非常好。最显著的，莫如壮年死去的约翰·沁孤。他一生只留了六篇短极了的一幕剧，但这六篇剧，却刺激了无数世界的作家去写一幕剧。大学研究室也研究他这又少又短的六个剧，可知他评价的了不起。日本最优秀的一幕剧作家，可举出菊池宽、山本有三、中村吉藏等人，而这些人都是以“爱尔兰剧”为出发的，所以技术上有那样优秀。我国作家曾接受过爱尔兰剧的影响，而且擅长于写一幕剧的，可举出田汉的名字。——总之，这已形成一个全世界的泼辣而新鲜的体裁，我们若注意戏剧的话，就应注意他，注意他的新鲜泼辣和优秀的地方。

莎氏比亚（W. Shakespear）离开伦敦时，写《飓风》（The Tempest）一剧，表示他对伦敦人士的别意。中写绝海飘流的普洛斯，用他的魔术引来法兰基的船，把那从没见过青年男子，以为天下男子都像那白发老人的美少女米兰达配给他，然后去了魔法之杖，和他长时间役使的精灵爱力儿告别——这杖正是譬喻他的笔，而爱力儿却正影射他的灵感。由这里看，莎氏比亚是把剧作家的笔，看成魔法之杖了。这譬喻本不错。我们理解一个脚本，和那脚本的奥妙时，真感到他是一种魔法的东西，决不是平常的文章。若诸位懂得这魔法和这魔法的奥妙，我敢担保，诸位在一切艺术中，定会更喜欢戏剧这东西！

一九三五，六，二九

杂谈作诗和读诗

骆　方

新诗似乎只有对于文艺有兴趣的人去读，与大部分人毫无缘分。这也难怪：新诗的历史仅二十来年，当然还不能代替或并驾齐驱那有数千年历史的，在人们的心底里植着根深蒂固的势力的旧诗。且读旧诗有典型的调子：无聊时打开一卷诗哼几句，虽则内容尽可不明瞭，文字尽可不懂，但摇头摆尾朗读起来很可以解闷，如像唱支歌一样。至于新诗，则因朗读的调子尚未产生或普遍，句子长长短短颇不整齐，每行末一字很多不押韵，以及内容与旧诗同样难明了甚且有过之而无不及等等关系，一般人都不高兴去碰它们。例如我自己，从前对新诗尚未发生兴趣时，打开文艺杂志只阅小说和论文，从来不想去读一首诗；总以为新诗既神秘又玄秘，每逢碰到它们总有点儿害怕和头痛。我想，跟我有同样经验或感觉的人一定不少。

写诗的人也应该负一部分责任。现在文坛上大部分的诗人都高兴把字句组织得委宛曲折、颠颠倒倒，故意把他的诗写得玄妙和神秘，似乎很“高深”似的。虽则写诗，有时为调整音节关系不得不与普通文章的字句组织得有点儿不同，但这决不是表现“高深”的必要手法。诗人写出诗来决不愿意把它藏诸箱底，也决不愿意只有跟他同样高明的诗人读它。我说他们专在字句里翻筋斗真是自讨苦吃——没有人能欣赏他的诗。如像某派诸大师及诸师兄师弟的诗章，从律诗解放到商籁体，讲内容平凡而落伍，讲技巧陈旧而拙劣，把一点儿偶然发生的灵感铺张扬厉得天大似的——结果是连这一点偶然发生的灵感都没有表现出来，除非写诗的人自己肚皮里有数。还有一些不知道什么派的诗人以堆砌文字为游戏，真可说是新诗的罪人！随便举个例：

爱情乘了 Bus
彼此皆是幸福的
爱情乘了 Bus
合理的恋爱哲学
轻驮载的仅驮载着相对论的
一夫一妇的小型 Chevrolel
明日的道路上
不时代的人与物之鬼魂
彼此携了爱情去乘 Bus 吧

——鸥外鸥《论爱情乘了 Bus》首三节

这也算是诗？这些字句传达的是什么？谁都会感觉头痛的吧！欧美的现代诗人都竭力想法把诗的文句组织得通俗和简明，以求适合世界潮流（文艺的技巧和字汇是要随着时代的进展而变化的），苏联诗人白德尼（Demyan Bedny）的诗几乎完全是日常的口语。美国古典派诗人爱立奥（T. S. Elliot）的诗颇难懂，那是因为那位诗人的脑子太复杂和他的作品哲学气味太浓厚的缘故；每行单独分析起来，都是写得文法很严密、文字很流畅的。

诗的内容当然也有极大的关系。中国写新诗的人生活似乎都不十分丰富，脑子里的财产似乎都不怎样富裕，情感似乎都不很热烈。缺此三者，欲求得佳作是很困难的。有些人甚至钻牛角尖，他们的作品显得异常小气和狭窄。大部分的诗非好像是从坟墓里掘出来的，即好像是看不见的辽远的天边一阵微风。题材大都好像是来自一幢弧单的小屋子的厢房里，那幢小屋子是筑在高山之顶或深海之底的。这样的作品不能适合一般人的需要和致使一般人迴避，是无足为怪的。与现世界、与现时代没有多大关系的灵感，不能在生活在现世界、现时代里的一般人的心中引起共鸣，是不足为怪的。在老辈们根本厌恶新诗和劳动者还谈不上欣赏文艺作品的今日，比较高兴翻翻新诗的大都是年青的智识份子，而那些年青人是整天激荡在忧郁和愤怒的漩涡中的，那有优闲的心绪去静听云端里的天使的不十分悦耳的歌唱——那是餍足他们的灵魂的饥饿？

其次，有重大关系的是技巧。这里所说的技巧是指表达的方法。诗人说把通过他内心的灵感捉住在纸面上，这是一件极难的事。每个人都有喜怒哀乐，但不一定每个人都能把他的情绪捉住在纸面上，更少能把他的情绪使之艺术化而加以强调的——而这便是诗人的工作。以前有一时期盛行的口号，情感沸热的诗。现在这种诗却不多见了，其原因当然不止一种，但最大的恐怕是因为技巧不高明而得不到一般人的同情（不能在读者心中兴起与作者同样沸热的情感），而自行敛迹。千篇一律，缺少艺术的修养，强调得不适当，总而言之，表达的方法不高明，不能把情绪使之艺术化而全部捉住在纸面上，久而久之，引起一般的读者讨厌起来。其他的诗也大都犯同样的毛病。幻想不丰富的，字汇不丰富的，对于文字的运用不熟练的，和灵魂欠圣洁的诗人，虽有好题材，写不出伟大的作品来的。

诗要有音节，那是诗的天经地义的规条。有些人误以自由诗不需要音节，把一句散文随便分别为几行便算是诗，那是错误的观念。诗可以每行末字不押韵，凡写诗的人都知道求每行末字依照各种规范押韵是很痛苦的事情——限制题材的展开，限制字汇的自然的活用，和毁坏自然的美丽的音节。但一定要有铿锵的、协调的音节，朗读起来抑扬顿挫或宛转温柔如像唱歌。受西洋文学影响很深的徐志摩和朱湘等的诗对于音节十分注意，郭沫若后期的作品亦大都具备原始性的壮丽的音节。但一般修养较少的诗人都不注意及此，都没有推敲字眼的习惯，没有组织诗句的技巧，他们的作品即默读亦有格格不入口之感。写诗的人都要能听音乐，且要多听音乐以训练耳朵。

以上拉拉杂杂说了些中国新诗不发达的原因，总结起来说一句：历史太短和新诗本身不健全。每种原因都只略略提一提，详细讨论起来可各成一本专书。

一般人都没有欣赏新诗的素养——不知道怎样对付躺在眼前的一首新诗，我想亦是新诗不发达的最大原因之一。诗比小说、比散文难读是真的，因为它没有如像小说里的故事——叙事诗是有的，但不能叙述得同写小说一般的详明——不能写得同散文一样的头头是道和有条不紊。诗有诗的表现的方法，而由纸面上去握住一首诗，也是有它自己的方法的。兹就临时想到的应该怎样对付一首新诗的方法分条略述于下。

最要紧是要去追踪作者的幻想。诗人的幻想由某一件事物或某一种情绪出发，时常一个连接一个地推进前去；当他闭目深思时，他选择最适宜于表达和最能强调他的灵感的一个，写在纸面上。读者一定也要由诗中的语言出发进行幻想，追踪到作者的幻想之出发点。非这样，读者是不能澈底了解那首诗的。譬如下面这两节：

争斗的兽街上有反叛的进军！
骄傲的头脑比连山更要峥嵘！
我们要激起第二次的洪水，
来洗净一切行星的各座荒城。
这些斑斓驳杂的日脚，
迂徐地拖着岁月的车马。
我们的偶像是迅速，
我们的心脏是大鼓。

——马耶柯夫斯基《我们的进行曲》首二节

几乎每个名词和动词都是象征的，都是一个形象，若照字义直讲会不知道作者讲些什么。读者一定要把象征与形象的根源找出来和系统地排列起来，才能全部了解这首诗。

第二点重要的，是要去体验作者的中心思想。这之先，最好能知道作者的身世和生活。把握住了作者的中心思想而后读他的诗，一切疑难均可迎刃而解。且非如此，作者的灵感不能在你心中兴起共鸣和回声。这是关于诗的内容方面的：若不能捉住作者的中心思想，便无从澈底了解他的作品的内容。

第三点，是要拉着调子高声朗读，如像读旧诗一样。一般人对于新诗只像阅读小说似的默诵而不发声读和哼，这大概是因为没有养成习惯的缘故。诗要朗读，不论新旧。因为诗是有音节的和音乐化的——作者把字眼安排得具有适合于他的情感思想的音节，备读者朗读。朗读是去全部了解一首诗的工作之一部分。说新诗不能朗读是没有理由的，欧美的现代诗不是我们的新诗一般无二吗？不是也常常每行末字不押韵，句子也长长短短颇不整齐的吗？欧美人读诗是拉着调子朗读的，我们为什么不能？

若能依照上述三点去对付新诗，且都能做到十分圆满，无论那首诗均不成问题。欣赏不论那种或那件艺术作品，一定要采取把那艺术作品放在解剖台上分析、放在显微镜下观察的态度。新诗自不能例外，且因比较难于理解，分析和观察的工作比较吃力。

第一次读不懂，再三读之。欣赏艺术作品是一种本领，这种本领是要由学习和训练才能获得的。若再不懂，那不是诗本身有缺点便是你的智识尚感不足，抛了它便了；勉强能招致头痛，和不知不觉地孵化出惧怕新诗的心理。

如何读报

陈彬龢

报纸是最能帮助人们获得新智识的，无论政治、经济、史地、文学和自然科学等，它都能供给最新的智识。假使报馆是一个学校的话，报纸就是载着活的教材的讲义。我们可以过一生一世的学生生活，它永不会追着我们走到毕业的时期。所以一个生在现代的人而不知利用报纸以求新智识的，真是虚度了他的一生。

人们既能在报纸获得最新的智识，换句话说，报纸是普及教育的利器，亦就是负着国民教育的重大责任。现在报纸的销路，有些国家已经达到一百万或二三百万以上的，就可以断言，那个国家的教育一定是很普及的。今日我国的日报销路最多的不过十万余份，与其说国内文盲太多，不能读报，毋宁说是报纸还没有负起推进国民教育的责任。

现在我开始讲“如何读报”吧。可是各人因他地位与职业的不同，各有各的读法。如办教育的人就特别注意到教育新闻，做投机商的人就特别注意到每日市场上各种价格的变动；新旧军阀特别注意是时局变动，最喜欢读的关于时局方面的谣言，他们“惟恐天下之不乱也”；官僚最注意的就是新机关的添设，或是各机关长官的更动的消息，他们便有钻营的机会了。有些闲暇的人，是专以读报为消遣的。如我们苏州茶馆里化一个铜子，租一份报读，他要从报头读起直到末版末字为止，广告也一字不遗漏的；亦有化几角钱专读隔一日或隔二日的报纸，读完后还可将报费拿回来。……现在我是专对一辈在学校读书或是在商店做学徒的青年以及小学教员而讲的。他们应“如何读报”呢？现在就拿今日（十一月七日）的上海七种日报（申、新闻、晨、中华、民、时事、时）做一个例子。

我以为读报有三种读法：

（1）略读。有些新闻、通讯、论文、闲文，虽然占了大部份的篇幅，可是都毫无关系，我以为只要看看标题，内容不必再读。

如《书画家程××婚变》《玉皇殿私订终身》等（此类消息以时报刊登最多）。

（2）精读。《申报》《新闻报》的内容，比较确是多的，因为迁就广告，排列欠清楚，读者必须以“沙中淘金”的方法去读，才能发现好东西。今日除一般重要新闻之外——如申报《鄂省赈灾实况》、赓雅先生的《西北视察记》，《新闻报》的《海育灾民惨象报告》、执中先生的《欧洲游记》（今日恰巧未登），《晨报》张白水先生译的《日本军事预算谕》（《晨报》的一日一题很好，今日恰巧未登），《时事新报》的中国物理学会请求修改度量衡制、风怀曾谈变光电灯之发明，《中华日报》的社论《美国会总选举》、于潜县社会情形，及附刊《中国经济情报》等，都值得精读。

（3）笔记。有些特殊新闻与论文中的警句，足以增长常识的，更值得笔记，以作备忘。如：

《晨报》：爱尔兰人不再为英人 爱尔兰独立之一征（国民社六日杜白林电）此间最近公布一草案，规定爱尔兰自由邦人民嗣后一律改称爱尔兰人，同时将不再称为英人，亦不得再享英国人民之权利。此案或可于下星期内在国会通过，是为爱尔兰完全独立之重要步骤。

《新闻报》：冀省抗日阵亡将士共一万一千余人抽二百廿人公葬▲北平冀省抗日阵亡将士已查竣，共一万一千余人，将抽二百廿人尸骸，运京灵谷寺公葬。

历史教员可以作为历史教材。

《晨报》：世界著名科学家居利夫人追悼会九日在法兰西协会（上海环龙路十九号）举行有波公使及雷协筹演讲。

准备参加的话，便可记下开会的日期和地点。

《晨报》：正太路支线榆谷段试车 大潼路停止续修（中央社五日太原电）铁部所修大潼路榆次至太谷段，业已完成，五日正式试车，正大路局长王懋公亲乘车视察。铁部因晋当局已将同蒲路，完成大半，大潼路无再修必要，决即停止。至已成之榆谷段，即改名为正太路支线，可由石庄直通太谷，由太谷直通太原。

《申报》：钱塘江铁桥开工期 定本月十一日在杭行开工礼全部建筑工程费定四百万元铁部与浙建厅合作年半完成。

《新闻报》：连露港之发展▲工竣后添辟航线三道▲沪粤为货运总枢纽▲南京 陇海路局为积极谋发展连云港起见，拟候该港全部工程完竣后，除与招商局办理水陆联运外，并计划添辟航线三道：（1）由连云港直放天津；（2）直达青岛；（3）经上海达广州，为陇海路全线通车后货运总枢纽。

此与地理常识有关的新闻，地理教员可以作为地理教材。

《新闻报》：日鲜浪人秘制黄面兜售 毒质胜过白面▲天津昌黎、唐山、秦皇岛，顷有日、鲜浪人集资开设制造黄面秘密工厂三处，由白面内提精炼成糖块，令小贩兜销，以免警察注意，销路甚广。吸食后，受毒较吸白面尤烈。

《中华日报》：全国人口统计 东北四省未列入 已达四万三千万（京讯）据本日内政部宣布，全国人口统计，约在四三〇，〇〇〇，〇〇〇人左右，此项数字，现被日本军事占领之东北四省，尚未列入。民十八年份之人口统计，连同东四省在内，约计四七〇，〇〇〇，〇〇〇人云。（此讯已详见六日《新闻报》）

此系一种常识。

讲到读报的次序，报纸中最重视的当然是“新闻”。新闻是愈新愈好。我们读报时最迫切的，是希望知道“新”的“新闻”，所以我们读报时应先读新闻。但是恰恰处在这非常时期，往往我们所迫切而希望知道的国事，或是应当给一般国民明瞭的国事都被删去了。反间接在西文报纸或日文报纸上知道一些，这一方面减少了报纸的价值，一方面徒使一辈民众对于国事更为漠视。而且一般人以为现在的报纸已没有“新的新闻”或是重要消息了，何必再读报呢！结果，使办报的和读报的都觉得毫无兴趣了。在此，我要贡献当局，不必消极禁止报纸刊登什么，应该积极地指导报纸如何刊载重要的消息。

读新闻前可以先一看各报的新闻“要目”。

第一，读国内的重要新闻。如各报的新闻要目所指出的以及上述精读与笔记的材料。

但是有时同样一条新闻，各报纪载不同，可以比较着看。

如关于政府补助《英文中国年鉴》的消息，《申报》的电文是：（南京）英文中国年鉴社一次补助费二万元，经行政院通过后，由财部编具临时概算，已经中政会照数核定，并指定在本年度第二预备项下动支。国府顷已分令政监两院，转饬财审两部遵照。（六日中央社电）而《新闻报》的电文是：（南京）政府昨令核准财部为宣达国情于世界，及便利异国人士明瞭我国情况，编具英文中国年鉴，一次补助二万元。这当然《新闻报》不及《申报》详细。这是什么缘故？因为《申报》根据的是中央社电，《新闻报》是自己的专电。在此我向读者特别报告的，现在关于时局方面比较重要的消息，都归中央社供给的。各报自己的访员，想在中央社的电讯以外，找些特别电讯，而且容许刊登出来，这是不可能的事情。《新闻报》因为自己访员的电，舍不得不用，结果不及中央社的详细。凡是关于时局消息，读者可以留意中央社的消息。

第二，读国际新闻中关于中国的消息。就今日散见各报的，如：

（1）英外相在下院表示，英军放弃在长城外操练习惯。

（2）日苏中东路交涉无进展。

（3）美国当局搜索私贩华人。

（4）中美贸易减少。

第三，读国际新闻。就今日的或是最近时期的问题，重要的莫若：

（1）英日美在伦敦的海军谈话；（2）德法间的萨尔问题；（3）日本军事预算等。

我们读国际新闻，不能不知道其来源及其供给机关的立场。现在供给国际新闻的，大约有如下几家电讯社：

（1）英国的路透社（Reuters Telegram Co. Ltd.）。它虽不是英国政府所设立的，但它与英政府很有关系，它是以英帝国的立场为立场的。

（2）法国的哈瓦斯社（Agence Havas）。它虽亦是股份公司，实际上却是法国半官通讯社。

（3）美国的合众社（United Press）和联合社（Associated Press）它们都是美国新闻界自己联合组织的，与政府无甚关系。

（4）日本的新闻联合社和电报通讯社。它们都与日本政府有很密切的关系，亦即是日本政府的代言人。

（5）苏联的塔斯（Tass）。它是苏联的半官通讯社。

其次，读国际新闻时，对于人名、地名、国名须特别弄得清楚，最好自己时常把重要的人名、地名、国名等做一备忘录。并且时时参考世界地图，或其它杂志上的国际论文（如《时事类编》《国闻周报》《世界知识》《申报月刊》《东方杂志》《新中华》《时事月报》等）对照来读，这样才能明白某一事件的原委。因为现在各报的国际新闻除刊载电讯外，甚少做辅助读者的工作。

甚至人名、地名、国名，先前未能一律，亦有弄错的（如苏联常称苏俄，其实苏俄是苏联的一邦，不足以代表苏联的）。

第四，有系统的地方通讯或各省查调资料。

第五，评论。

第六，小品杂文。如今日：

《新闻报·本埠附刊》：（1）留兰香糖之销耗（本年六个月计二十二万八千八百五十五元）；（2）看门职业经过。《茶话》：①税警干涉人民购食精盐；②耕牛押款；③异国的微行。

《晨报·本埠增刊》：疾病与医药（读者医药顾问）。

《申报·本埠增刊》：上海第一托儿所停办了。《自由谈》：北平风光。《春秋》：两位苦学的女工。

第七，广告。如书报的预约与廉价的广告、国货新出品的广告、药物冒牌欺骗的广告，以及其他公共机关团体的通告，都应随时留意。

以上七种报纸，各有特色。可惜我现在很忙，仅选取今天一天的报纸，不能列举各报的优点了。

除此七种上海日报之外，如天津《大公报》、新加坡《星洲日报》，内容都很充实，在大的图书馆中或者可以读到的。

最后，我代表一部分读者向报馆请求的：

（1）篇幅越少越好。广告设法缩小些（其实刊登大广告是最愚笨的，读者明知其为广告，反而不看了），闲文杂讯越少越好，电讯应重行编过，藉以避免重复。因为以上徒占篇幅的东西，对于人力物力，两有损失，而且对于读者，只有损害，毫无贡献。

（2）违背时代性的，内容又把握不住社会问题的旧式章回体裁的长篇小说，值不得提倡了。如无创作小说，还不如选译欧美、日本的小说名著，如科学小说、教育小说，以及其他看了能增进知识的小说。

（3）评论务须选择当日时事问题，并且希望同时刊登参考资料。

（4）读者既处在学生的地位，希望天天在报纸上求得新智识，所以报馆就是一个学校；希望报馆先将图书馆充实起来，负起教育者的责任，引导读者向着时代前进！

二三，十一，七，深夜

四、读书经验

我青年时代的读书生活

蔡元培

我五岁零一个月（旧法算是六岁）就进家塾读书；初读的是《百家姓》《千字文》《神童诗》等，后来就读《大学》《中庸》《论语》《孟子》等四书，最后读《诗经》《书经》《周易》《小戴礼记》《春秋左氏传》。当我读《礼记》（《小戴礼》的省称）与《左传》（《春秋左氏传》之省称）的时候，正十三岁，已经学作八股文了。那时我的业师，是一位老秀才王子庄先生。先生博览明、清两朝的八股文，常常讲点八股文家的故事，尤佩服吕晚村先生，把曾静案也曾详细的讲过。先生也常看宋明儒的书，讲点朱陆异同，最佩服的是刘蕺山先生，所以自号仰蕺山房。先生好碑帖，曾看《金石萃编》等书。有一日先生对一位朋友，念了“你半推半就，我又惊又爱”两句话，有一位年纪大一些的同学，笑着说：“先生念了《西厢》的淫词了。”先生自己虽随便看书，而对于我们未成秀才的学生，除经书外，却不许乱看书。有一日，我借得一本《三国志演义》，看了几页，先生看见了，说：“看不得，陈寿《三国志》，你们现在尚不可看，况且演义里边所叙的事，真伪参半，不看为妙。”有一日，我借到一本《战国策》，也说看不得。先生的意思，我们学作小题文时，用字都要出于经书；若把《战国策》一类书中的词句用进去，一定不为考官所取。所以那时我们读书为考试起见；即如《礼记》里面关乎丧礼的各篇各节，都删去读，因为试官均有忌讳，决不出丧礼的题目；这样的读书，照现代眼光看来，真有点可怪了。我十六岁，考取了秀才，我从此不再到王先生处受业，而自由读书了。那时我还没有购书的财力，幸而我第六个叔父茗珊先生有点藏书：我可以随时借读，于是我除补读《仪礼》《周礼》《春秋公羊传》《穀梁传》《大戴礼记》等经外，凡关于考据或词章的书，随意检读，其中最得益的，为下列各书：

一，朱骏声氏《说文通训定声》。清儒治《说文》最勤，如桂馥氏《说文义证》、王筠氏《说文句读及释例》，均为《说文》本书而作；段玉裁氏《说文解字注》，已兼顾本书与解经两方面，只有朱氏，是专从解经方面尽力。朱氏以引申为转注，当然不合，但每一个字，都从本义、引申、假借三方面举出例证；又设为托名标帜，与各类謰语等词类，不但可以纠正唐李阳冰、宋王安石等只知会意不知谐声的错误，而且于许慎氏所采的阴阳家言如对于天干地支与数目的解说，悉加以合理的更正；而字的排列，以所从的声相联；字的分部以古韵为准；检阅最为方便。我所不很满意的，是他的某段为某，大半以臆见定之；我尝欲搜集经传中声近相通的例证，替他补充，未能成书，但我所得于此书的益处，已不少了。

二，章学诚氏《文史通义》。章先生这部书里面，对于搭空架子，抄旧话头的不清真的文弊，指摘很详。对于史法，主张先有极繁博的长编，面后可以有圆神的正史。又主张史籍中人地名等均应有详细的检目，以备参考；我在二十余岁时，曾约朋友数人，试编二十四史检目（未成书）；后来兼长国史馆时，亦曾指定编辑员数人试编此种检目（亦未成书），都是受章先生影响的。

三，俞正燮氏《癸巳类稿》及《癸巳存稿》。俞先生此书，对于诂训、掌故、地理、天文、医学、术数、释典、方言，都有详博的考证。对于不近人情的记述，常用幽默的语调反对他们，读了觉得有趣得很，俞先生认一时代有一时代的见解与推想，不可以后人的见解与推想去追改他们，天算与声韵，此例最显，这就是现在胡适之、顾颉刚诸先生的读史法。自《易经》时代以至于清儒朴学时代，都守着男尊女卑的成见，即偶有一二文人，稍稍为女子鸣不平，总也含有玩弄等的意味；俞先生作《女子称谓贵重》《姬姨》《娣姒义》《妒非女人恶德论》《女》《释小补楚语笄内则总角义》《女吊壻驳义》《贞女说》《亳州志木兰事书后》《尼庵义》《鲁二女》《息夫人未言义》《书旧五代史僭伪列传后》《易安居士事辑》《书旧唐书与[1]服志后》《除乐户丐户籍及女乐考附古事》《家妓官妓旧事》等篇，从各方面证明男女平等的理想。《贞女说》篇，谓“男儿以忠义自责则可耳，妇女贞然，岂是男子荣耀也？”《家妓官妓旧事》篇，斥杨诚斋鲸妓面，孟之经文妓鬓为“虐

[1] “与”，当为“舆”。——编者注

无告”，诚是“仁人之言”。我至今还觉得有表章的必要。我青年时代所喜读的书，虽不止这三部，但是这三部是我深受影响的，所以提出来说一说。

谈我的读书兴趣的转变

——从文学到社会科学

柳　湜

无论做什么事，都不能没有兴趣。没有兴趣，就是没有活力，提不起精神，自然谈不到做事的积极性。读书也是一样，自己不想读书，被父母用鞭子驱进学校，比坐监狱还要难受，自己对那门学问无兴趣，勉强去迁就它，会感到同床异梦的滋味，有苦说不出。打开一本书、一页报，如果话不投机，你除看到白纸黑字外，你脑中还能留存着什么呢？古今中外确实有许多好书，那些书上确实有许多真理，又确实被一般人都认作应该去精读的，但我请问能读那些书的能有几个人？即会有些傻子去追求，又真的能有几人不被困难中途抱头折归呢？不错，专靠什么“应该怎样”的大道理是没有用处的，人总不能十分遵照这大道理作啊，不然，个个人都会学成“圣人”“贤人”了。我们明明知道做一个现在的中国人，应该有些世界知识，应该求得最低限度了解这一个世界的一些基础理论，这些理论是过去我们先祖先宗数千年努力的结晶，这是值得我们去分别接受的，但我们心中虽向往之，总不能勇往直前的走去。心是爱它，却同时又不得不敬而远它，何以故呢？是那些科学知识不易读懂，自己对它不能生出兴趣！

目前我就遇到这种现象。有位爱好文学的青年对我诉苦道：“我明明知道现在读文学的人不能不有社会科学知识，不然就无从了解现实，去分析复杂的事象，但我对那森严的社会科学书，见了就生出畏心，一年也读不完一本经济学概论。这就该怎样办呢?”

是的，这位朋友在理智方面是接受应该研究社会科学，在兴趣方面他却读不进去。

这里所谓兴趣问题就成为问题了。为什么甲对于文学有兴趣，乙却对于社会科学有兴趣呢?兴趣是否天生成的，永远不变的?如果是可以改变的，我们设法将它改变一下，不是对于以上某君的矛盾就解除了么?要如何去改变呢?

天下没有什么神秘的物事，兴趣自然也不是什么天生的东西。中国大多数人欢喜求神拜佛，并不是中国人比外国人身上多几根佛骨，实在不过因中国的自然科学落后，产业不发达，交通不方便，和生活的贫苦，使大家对于现实完全绝望，于是愚昧无知的转而向幻想中的来世求安慰了。某教授爱谈考古或爱写古文，不过因为他是世代书香，从小就看惯了铜镜、汉瓦、线装书，和过惯了斯斯文文的生活，习惯了古雅的谈吐，同时到现在还有着明窗净几，安适而又不愁衣食的日子，自然他们只爱弹老调子，看不起现在“凡俗”的东西。欧美青年爱好科学，是他们的社会经济发达，科学成为生产上必要的知识，社会具有科学发达的一切的物质条件，所以环境也培植此种人对科学的兴趣，头脑中自然排去了许多神奇鬼怪，并不是一件什么值得奇怪的事。至于中国目前一般的青年对于文学的兴趣都比科学要高，这也决不是中国人的天赋比欧洲人不同，这乃是中国一向重文，同时又缺乏科学发展的条件的缘故。我们一想到我们可怜的社会，我们自幼小到成人，所受到的乌烟瘴气的教育就可明白了。我们向文学方面去发展还有疑问吗?

说到上面我们所提到的那位文学青年，他是一个小店员，从小就没有受过学校教育，仅只在私塾中认识了一两千方块字。因为他的动奋，利用了到说书场上听书，同时参看说书场上的人所说的小说，于是使他获得了看章回小说的能力了。以后呢？他偶然又从日报报屁股上找着一个新天地了，这一来他与新文学接近了一步，渐渐使他放弃章回小说去欣赏一切新作品了。我们知道，他这种努力是可敬佩的，但他因为没有进过学校，史地、数学知识完全没有，使他不能有接近社会科学的顺利的条件，所以他的兴趣的养成，是社会环境决定的。但这兴趣就不能改变吗？决不！即就某君由章回旧小说进到一切新作品已是证明兴趣是可改变的了，不是一成不变的。

我想就拿自己的读书兴趣的改变作为一个例子而来说明这过程罢！不过这转变的过程是很值得玩味的。像某君自章回小说进入新文学的欣赏这过程是如何推移的呢？某君告诉我的并不多。从他那情形看起来好像有点是很自然的徐缓发生的，其实这过程的转变，也可以取跳跃的方式的。

我七年前也与某君一样是一个酷好文学的青年。自然，我也有与某君不同之处，即我有比某君更好的生活环境。我当时的读书态度是好读书不求甚解，懒得去用心力，只想费很少的精神就能学得一点什么。竟把文学看作懒人的专业，不必认真去读的，幼小时已经如何养成了好读小说的习惯，这里我且不必去说它。现在且从五四时代起作它一点回忆罢！

五四以后，我的眼界却渐渐放大了一些。我除读《史记》《汉书》《离骚》《乐府》外，我也同时爱读曼殊的诗与小说，鲁迅的小品与小说，周作人、胡适等的译品，以及《觉悟》《学灯》《晨报副刊》（当时北京的）之类的短小的文字。我在师范毕业那年，我涉猎范围更广了，我已将当时出版物上关于纯文艺部分的东西几乎全部吞下了。我对于文学发生了深厚的恋情，决定了自己研究文学。

有两年光景，我埋头在学文学，翻线装书，同时也从英文方面，窃取了一些屠格涅夫、易卜生等人的著作，大概当时是以中国文学为体，西洋文字为用的态度，在胡乱的瞎闹，并不是说，真的了解了什么是文学及如何研究文学等的问题。

但那时我对文学的兴趣总不能说不是热烈的，我那幼稚可笑的行为，就可以拿来说明这个。譬如，当时渐有点看不起学理科的朋友，觉得他们总有点俗气，更不大想到法科去看朋友，怕听他们谈做官，看报也不留意正张，写家信也要写得弯弯曲曲，令人看了生气，其他的日常生活是不修边幅与洋化并用，是带着一半中国女人的酸气，一半西洋颓废文人的烂漫。自己的生活完全不像一个样子。

我有时也在清夜的反省中，觉得有些无聊、厌倦，甚或自己看自己不起。但自己又觉得自己并不能学得一套比文学更难的科学。

在"五卅"运动前不久，我对文学的兴趣渐渐就有点改变了。这当然要归功于当时中国社会与政治的变动给与我们的影响。奉直战争的激变，孙中山先生的入京，多少刺激到当时在北平过和平生活的青年。那时对我的生活直接给我的当头棒的人，却不是从南北上全国人景仰的孙中山先生，而是大骂"文学"，将线装书丢到茅坑里去的吴稚晖先生。我在一个集会中，亲聆了他老人家痛骂青年的不长进要去学文学，尤其是要跟胡适之先生去整理国故，他还骂了创造社、文学社，他提出人家用机关枪来打我，我也要来学习制造机关枪，这些话，在吴老先生是早已说过的，不过这时它才对我发生反应，打动了我的生活，对于学问的兴趣发生很大的怀疑。后来更在他的《茶客日记》中看见他大骂《洪水》，更使我对于文学生活一天天感到不安了。但是我将怎样办呢？我常常自己问自己。我一时并没有得着解答。

在这前后不久的时间，我又受到了另一种刺激，那就是《京报附刊》忽然提出了青年必读十本书的投票，而鲁迅先生的主张是不读中国书只读外国书，依鲁迅先生的意见，外国书是比中国书至少要少几分鬼气的。他虽不像吴老先生那样反对青年读文学，但对于线装书却是同一的反对的。我在这次投票中得到一种启示，我想先照鲁迅先生的意见做去，我决计放弃中国文学的研究，从此多读外国书。

这可算是我的读书兴趣转变过程的开始罢！首先自觉有些若有所失，对于自己的前途，并没一点自信。并且每日总有几次矛盾的心理发现。龚定盦、黄仲则的诗集在苦闷时仍是自己知心的朋友。这时我受了一位严师的指示，当他问我放弃中国文学研究后，我预备学习些什么时，我就毫不疑问的答道，我想专攻社会科学。他严肃的同我说，他不反对我。不过在他看来“兴趣”的改变应先改变生活，不应太一时的感情作用了。因为只在生活的改变，我的观念才能起突然的变化，不然如果只在意识上求改变，恐怕只能取徐缓的过程罢！我们知道，一个人要克服一种旧的嗜好，不能将旧的习惯估计得太少，虽然也不能把它看得太大。但读书兴趣的改变确是最难的，你要在不知不觉中潜移默化才行。我在他的教训中，实行着他那缓缓走的主张。

我一方面自己有了一种意识的走向社会科学的努力，一面接二连三的受着五卅高潮的刺激，国民革命的酝酿，以及三一八铁狮子胡同前的血的教训，时代的实践使我一天一天对于国内外的政治渐渐关心了。由这种对于实践的关心，我才真的发觉自己可怜渺小与无知，对社会科学的理论的要求也更一天一天迫切了。

在这转向的过程中，不能不感到苦楚。经济学、政治学是那末森严的东西，并不像文学能与我一见倾心，融洽到相互忘形。我开始读经济学时，是时读时辍的，我感觉到一种压迫。我记得关于价值论战老是读不懂。因为我那时不懂方法，没有读过动的逻辑，我不会运用抽象的方法论。我只要[1]硬读乱碰，重复而又重复的蛮干。后来因为读到一部经济思想史，偶然翻阅某一个作家的传记时，使我获得了一种重要的发现。我觉得，从传记中我可以获得研究某一学派许多可宝贵的方法。我在一个短期间，差不多一切其他的书都停止了，专门找社会科学家、自然科学家、革命者的传记来读，一共读了好几本。我在这些书中，不仅使我对于真理的追求生了信心，并且也增长了不少的修学的方法与效力。当时我这种读书的方法似乎纯是出于自然，但现在回想起来，却也未必。因为我从文学走入社会科学，这两种东西的兴趣显然有一定的距离的。我偶然拏了一本传记就那么倾心，正是因传记本身就是一种文学作品的缘故。同时它一方面又是一部信史。所以它做了这两种不同的兴趣间的桥梁的一个铁证。我从这里，想到我可以循着这条路再往历史的方面走去，因为先多知道一点史实无论对于研究经济学、政治学都是有必要的。我于是开始找到了一小本观点较正确的世界史（就是柳岛生译的那本《世界史纲》），继续又读

[1] “只要”，当为“只有”。——编者注

了几本各国的革命史、科学发明史、产业革命史等，我读了这许多书后，我更想了解现实了，更注意到现实压在我们头上的社会问题，更对社会运动、社会学说都发生兴趣了。我喜欢看关于这类东西的现实的纪载，同时我也爱寻找过去的史绩，但我这时只是乱七八糟的去摄取现在和过去的一些研究材料，虽然还谈不到系统、深入的研究，却丰富了我对人生的经验。啊呵！我发觉了自己没有理论，不能看出各种社会现象的发生、成长及灭亡的联系。我只看到一株的树木，我不能领悟伟大的森林的富丽。

停留在这一段时期并不长久，我的兴趣就不知不觉从比较具体的知道，渐渐走到较抽象的方面去。我对哲学发生极浓厚的恋情。哲学虽然很艰深，但不像经济学的枯燥，所以我的读书兴趣从纯文艺的作品而传记而历史再进入哲学，确是按照这座桥梁的石磴一磴一磴的摸着走，是不知不觉的移动的。

在这里，才使我知道我的脑袋过去是如何的不会想事，过去是如何的糊涂啊！当我刚刚踏进哲学之宫，我就发现了自己有点冒昧，原来我是空手跑进的，我研究哲学的工具还不曾完备呀！我感觉自己急需赶上去学经济学，并且还要对自然科学现代发展的成果有个大概的了解。所以我并不妄想登堂入室，只取得了一个较明确的概念我就转入经济学的研究。

我湾❶了这样的一个大圈子，又再拿起“价值论”来读。这时我对它不要逃避了。但登时我又发现，我的学力还不能往经济学方面深入，要研究经济学也须得对其他科学有了一点初步的了解才行，我这时对于读书的路线大致可说是摸得一点。我认识各种学问的关联、作学问的虚心，我决定对经

❶ “湾”，今作“弯”。——编者注

济学也不想马上就作深入的研究，只求获得一个明确的概念，我又转向政治、法律、宗教、教育、艺术各领域去了。大概在四年的光景，每天读书时间约六七小时，我在社会科学各重要部门走马看花了一遍。自然，我尚不能称作懂得了一些什么，但读书的兴趣确是到此养成了。这时我对社会科学的兴趣完全取得昔日对文学的地位。

这一过程的开始到在社会科学各部门内旅行了一周，刚刚是本文要说的兴趣的转变的过程。所以关于这一过程的每一段落，我想另外写成专篇，在这一过程终结后，我重新开始的新过程，即对于社会科学内某一部门的深入的研究，因为到目下止，我还没有较满意的成绩可说，也暂时且不谈它。

现在回顾我几年来自己走的道路，虽然很是愚笨和缓慢，却是颇合逻辑的发展的。我深信兴趣之对于读书，关系实在重大。我能一步一步的向前走去，不败退回来，是我能有积极性。这积极性的来源，固然也可说是由于社会的外力催促，但同时也正是我在这一过程的每一小段中，我能抓住自己兴趣发展的一环。前一环它又构成了推移到后一环的发展的条件，于是一环一环的我得通过了许多困难，而自己反不觉得苦恼。在另一方面，我觉得从文学而到社会科学这条桥梁，确被我建立了。但我同时要伸说的，我虽永远保持了兴趣，但这过程并不是真的和和平平自然而然达到的。这过程仍是我的奋斗的结果，是由无数的抗战，无数的小的突变的连续而作成的，并且还是意识的努力的结果。我决没有一点不谦虚的意思，我觉得我的积极性虽然是由社会环境的决定，有社会根据，但如果我不能正确的把握进程的实践，而社会的影响仍会对我是无用的。我最后获得的也许只是一种没有实现的幻想也说不定吧。

我想把这一点经历进献给一般对社会科学有研究的心向而又缺乏兴趣、畏难不前的朋友。但我决无一点轻视文学的价值，我现在觉得研究文学也决不是比社会科学还容易的事，因为研究文学同时就不能不研究社会科学，至于兴趣的养成，以上所说的大致总不能认作毫无裨益的闲言罢。

不要忽视研究的兴趣，我们知道一个严父每每不能说服一个顽强的儿子，却常常被慈母的温言所感化了。慈母不能说服的事，也有被自己的娇妻的眼泪一哭就什么都屈服了的。一开始能读社会科学固然很好，如果一定要听听慈母的温言，看看娇妻的眼泪，你就从文学一步一步的缓慢的走罢！

如何读书

陈彬龢

我的朋友李公朴先生创办一种刊物——《读书生活》，希望我在创刊号上写篇文章。我想“读书生活”狭义的解释，似乎就是“学校生活”，于是我对李先生说：“我是只有片段的‘学校生活’，没有资格来写这一类文章。”他答道：“我们的‘读书生活’，不是像一般的狭义解释，只要一个人不是文盲，便有他的读书生活。所以就请你写一篇‘读书经验谈’吧！”

现在我开始写几段我的读书感想，贡献给一辈青年朋友，不敢叫做“经验”。

我十一岁（一九〇七年）的时候，父亲在那年夏天死了，那时我在苏州元和高等小学读书，离开毕业只有半年，因为家境困难，便中途停学了。我打算在一个新式的商业机关中做个学徒，来养活我的母亲：那时恰恰有位姓朱的亲戚来吊我的父亲的丧，看见我们母子的生活万分困难，他就对我母亲说：“二官（我的小名）还是到公司去做个学徒罢！”我早知道他在上海某公司做事，很适合我的希望。（那时旧式商店都叫“号”“庄”，“公司”二字就是新式商业机关的名称。）我的亲戚又对我说：“我们公司里各种货物都有的，你就跟我到上海去吧！”那时听了他的话，我又想着：这个公司规模一定很大，因为各种货物都有的。我便收拾了最简单的行李（一只火油箱改做的箱子），跟他到了上海。那公司叫做“大陆转运公司”（早已停业了），地点就在北火车站对面，公司的房屋只有一幢二楼房屋。进了公司的门，看不见一件货物，我便问我的亲戚：“货物在那里？”他答道：“堆在那边的栈房里。”他牵着我的手踏出公司大门，指着西头那座大栈房（这所栈房已在“一·二八之役”中毁坏了），当时我很是快乐，便开始我的学徒生活了。日常工作是：早晨第一个起身，打扫全部房屋，预备茶水和先生们的洗面水，伺候吃饭，每晚深夜先生们吸鸦片，我便在洋风炉旁预备他们吃的夜点心，这些琐碎工作之外，还要到铁路局的栈局里去发给苦力搬运货件的筹子。做下二个月以后，我觉得学不到什么本领，恰巧在中秋前一天为了帮助一位苦力搬运一件笨重的货物，压伤了一只脚，我便在中秋那天私自逃回苏州了。

回到了苏州，母亲对我哭着，我也对母亲哭着，毫无办法。我只有一条路可走：去恳求我的第一位恩师——元和高小校长潘振霄先生。他劝我继续读书，竟免去了一切费用，同时每天课暇做二小时工作，抄写讲义或是油印讲义。到那年年底毕业后，仍在母校服务了一年。这里我要谨告一辈青年朋友，“半工半读是最有意义的”。许多青年拿了父兄的汗血钱或是靠了家传的遗产，一帆风顺的从小学读到外国大学毕业，拿了博士、硕士的头衔回来，结果，为什么对人类对国家社会毫无贡献呢？其原因，是处在这样恶劣的环境里（一般人或说是好的环境），根本不能了解真正的读书生活，根本不会懂得人生的意义！

×××××

我在十八岁的时候（一九一四年）开始了我的教书生活，

那年夏季，母亲介绍我到哈同花园仓圣明智小学教书（母亲先在仓圣女校任职），当初说好担任小学的算学、英文等课目，月薪五元，可是那时一位姓范的教务长故意与我作难，硬要我担任国文，课本选定了《孝经》。《孝经》我从来没有读过，当时为了生活问题，只能欺骗我的学生，大胆的担任了。那位范教务长时常来监督我上课，偶然碰到我在讲台上读错了字母或是解释错的，他毫不客气就在学生面前骂我。幸而遇着两位同事：一位是张占先先生（已经死了），一位是胡小石先生（现任中央大学国学系教授），他们时常在上课前纠正我的错处，因此我读懂了《孝经》。这里我又要谨告青年朋友："一面读一面教（不一定是教学生，把我读的书教给一个朋友亦可），是澈底明了书中意义的最有效的方法。"最近我的朋友陶行知先生发明了一种普及教育的快捷方式办法，利用小先生——小学生空暇的时间把自己读的书转教给不识字的人，我想这辈小先生的成绩一定比先前受灌注式教育或是只知接受先生所教，不知怎样运用自己所学的小学生好得多吧！说到这里我又忽然想到我的老师陈援庵（垣）先生说的一句话，他说："我对于学术上某几个问题有些研究了一二年之久，所有心得，对学生讲授时不到一两星期便完了；现在一辈留学生留学时期短的只有二三年，长的也不过十年，返国后则忙于应酬，无暇读书，他们怎能在大学里每星期教授廿余小时，教一辈子的书呢？"所以我主张非但学生应一面读一面教，做教师的更应一面教一面读。不读书的教师，也就是停住了脚步不向前进步的教师，这种教师，学生们应竭力的反对。

×××××

一九一七年（民六），我在哈同花园认识了我的第二位恩师喻志韶（长霖）先生，那时他为了反对溥仪复辟与一班遗老们主张不合；复辟终究失败了，他因此气得病了，借住在哈同花园休养。他是前清的榜眼（状元次一名），当时我最迷信什么举人、进士，所以时常亲近他，承他的好意劝我多读些古书。不久，浙江省政府聘他做浙江通志局（地点在杭州）提调（类似局长的名义），我因为受不住哈同花园买办兼仓圣学校校长姬佛陀的侮辱（他是伺候满清王府的专家，是个精通叩头、打扦、请安等仪礼，满口忠孝节义的人），承喻先生照顾，带我到通志局做书记，后来升任校对。随着喻先生住在西湖边浙江图书馆，读了许多古书。当时喻先生把该馆所藏的《四库全书》子部都读完了。（我还记得他读到错字，必用小纸条标明，粘在书头，不知现在还保存否）我又看见了很多珍贵的碑帖，专心学习写字。我写过钟鼎、小篆、隶书，三年中从无一日间断。在这期间，我认识了很多举人、进士、翰林，得到向沈子培、康南海、朱古微、李梅庵诸前辈请教学问的机会。那时我变成了一个极端复古的老少年了。我记得当时非古书不读，非古字不写（与朋友通信时，信上必须写很多古字，希望朋友接到我的信后，必须查了字典，才能读懂），仅仅没有把发辫重新留出来而已。

后来通志局要结束了，有些朋友劝我恳托喻先生谋一个县长，因为喻先生不很愿意与督军、省长们来往，我又不愿做“民国的”官，就此作罢。喻先生就劝我进之江大学读“外国书”罢。幸而通志局的事很闲空，我就考进了之江。可是当时正是新文化运动崛起的时代，学校里如有演说或辩论各种现代问题时，我必定站在最反动的地位。他们主张白话，我却主张古文，遇到有演说的机会，必要宣扬孔孟的学说。那时除了一些“遗老”“遗少”赞成我的行动以外，青年朋友都把我看作“活死人”。这里，我又要谨告青年朋友：“一切违背时代潮流的工作——不仅是读书——结果必归失收的。”

×××××

一九二一年（民十），我在北平认识了第三位恩师陈援庵先生（现任北平辅仁大学校长），那时他创办了一个平民中学，自任校长，约我担任“学监”。我便乘此机会跟他读了三年书，学得了很多搜集数据和读书的方法。这是我读书以来最有进步的阶段。他是现代我国最有权威的史学家，虽然他的著作国人很少知道，可是英法等国的学者，尤其是日本的学者对于陈先生的著作十分重视和钦佩的。他的治学方法简单说来：是广博，是精细，是不苟且，不说空话，事事都有来历，事事持之以恒。当时他在燕京大学讲授中国基督教史、道教史等课，我便在燕大做旁听生，每次上课要发给学生的二三十页数据讲义，搜集数据和抄写讲义等工作都归我做。他是不怕辛苦的人，所以我也时常整日整夜跟着他做事。如果我写错一个字，他也不答应的，必须重新写过。他能发现一切古书上的错误，他推算历史上史事的时日最为真确。我认为陈先生是国内最精细的学者，最能运用科学方法的学者。这里，我又要谨告青年朋友：“读书必须有丝毫不苟且，事事有根据的精神，必须时时发生疑问，每一问题必须追究到底。”

×××××

一九二六年（民十五），我认识了马相伯先生，今年他已九十五岁了。在过去的八年中间，每月我必访问老先生多次，每次见他，除了有病，他或是读书，或是写文章，或是翻译外国文，决不偷闲，老年好学，再没有比过马老先生了。假使现在一般社会领袖，都能偷闲读些最普通的书报（当然有少数领袖很爱读书的），其思想决不会落伍到如此可惊的地步。这里，我又要谨告青年朋友：“读书并不规定一定的年龄，并不指定一定的场所；随时随地都可读书，利用闲暇来读书是最有意义的！”

×××××

一九三一年（民廿）六月，我加入《申报》服务，天天看见新闻上最多的总是“匪”的消息。那年秋季长江流域又发生大水灾，目睹惨绝人间的情状，又遇到“九一八”“一·二八”空前的国难，受了许多刺激，深感民族的命运，日益危险，实在写不出“粉饰太平”的文章，因此少数朋友都硬说我是“左”倾分子。其实我并没有读过很多社会科学的书籍，也不懂什么“左”和“右”的分野。这些摆在眼前的“现实”，我要追究它发生的缘故，要求它解决的方法，不知不觉的发生了这些“触目”或“逆耳”的呼声。这里我又要谨告青年朋友：“为读书而读书或是为享福主义而读书，更或为了消遣而读书，都是没有意义的。我们必须要在我们生活的社会中，天天接触现实问题，更进而研究其原因，并谋解决现实问题的方法而读书，这样才有意义。”

×××××

话说得太多了，现在我再提出几点贡献给在学校或不在学校读书的青年朋友：

(1) 文字是一种发表意见的工具，只求能把自己要说的“真”话写出来，使人看了能明白，已经够了。不是人人都能做“文学家”的，所以不必白费了太多的时间来作文字的雕琢工作。

（2）现代的读书工具，仅仅只有一种本国文字是不够的，所以至少要懂一种外国语。

（3）要有广博的常识，更需要一种专门的学问或技术。

（4）未来的新中国最需要的是科学家，国学专家愈少愈好，所以今日的青年实在没有闲空去读古书，读经更要不得。有人说读经可以养成国民的优良人格，甚者更说可以复兴国家，我看来恰恰相反。国家要训练一个优良的国民，或是一个青年要做一个尽职的国民，决不在乎读经或读其他古书。满清末年的许多亡国大夫、贪官污吏，那一个不是满腹经史？反之中山先生和一辈革命烈士大都没有研究过"经书"，可是创造了中华民国。至于读经帮助文字通顺，也不尽然，我看见前清很多举人、进士、翰林，只能做富丽堂皇的八股诗赋，而不能写一封辞能达意的文字清通的信札。

（5）闲书少读（不论新旧），与我们有切身关系的自然科学、政治、经济、社会等问题的书报，必须多读。

其次，我要介绍几种在任何图书馆中都可看到的流行刊物。

（1）日报：《大公报》。

（2）定期刊物：《申报月刊》《中学生》《新生》《世界知识》《时事类编》。

特别要介绍给青年朋友读的：就是胡适之先生的近作《写在孔子诞辰纪念之后》一文（在《独立评论》一一七期发表），这是胡先生自提倡文学革命后有关时代思潮而最有价值的作品。

最后，我敬祝《读书生活》长命。（不必高呼万岁，却希望不致夭折！）并希望编辑诸先生能与读者打成一片，使《读书生活》成为青年们最理想的读物！完了。

我的读书经验

陈子展

从来的文人自述，不是夸祖上怎样好，就是夸自己怎样的天才，好像只有他们才配读书作文。自然，像屈原、曹植之流，他们出自贵族，夸嘴不会顾到自己脸皮的厚薄。记得班固在《汉书·艺文志》里说的古代学在王官，虽不够说明周秦诸子的学说思想出于王官，可是周秦以前只有王官才配讲学问，小百姓和学问不相干，大约近于事实。本来要解决脑的饥荒问题，最好先就解决胃的饥荒问题，其次才能讲到选择师友，才能讲到备办文具书籍，才能讲到安心读书、用功。以小百姓所站的地位，子弟想读书，就得依靠遭逢偶然的意外的机会，而且须要眼捷手快，捉住这个机会。不能，你有子弟就休想和贵胄世家、豪商士侩、巨贾地主的子弟，在学问上争个短长，爬到他们那样的地位。过去是这样的情形，到了今日还是一样。——其实不如说，还要比从前更坏。你看目前的贫苦子弟连进小学识字的机会都没有，还容易有机会给他们进中学、大学乃至留学国外么？在这个社会里，学问完全是商品，只要你肯努力，只要你会投机，那就愈有本钱愈容易买到学问，学问愈好愈容易挣到地位。学问也像财富一样，完全被少数人垄断，贫苦的朋友就在这样的经济情况之下，活该永远站在不利的地位，连子孙也难有翻身的日子了，可真是他们祖坟葬得不好，祖上不曾积德，或者八字不好，骨相不佳，只怪得自己的命运不济么？不过现今也有比从前好一点的地方，就是交通愈见便利，印刷术愈见进步，报纸书籍的流传，比较从前更觉容易了，只要是有觉悟的贫苦子弟，随时寻找识字读书的机会，用非常努力自修的功夫，也可以弥补一点不能跨进学校的缺恨。所不得不引为缺恨的，只就是能读文学或社会科学一类的书，而且只能读中文。倘若要研究科学就非得进学校，到实验室，以及公开的研究机关，拿玻璃管，看显微镜，或者利用其他的器械、材料等不可。这个只能让给有福气从小就按步就班的入正式学校，读到大学或专门学校，乃至留学外国的洋学士洋翰林了。因为不幸这个社会里的读书机会难得，我还算是不幸中之大幸，要我说出那种颇不愉快的读书经验，我也还是愿意的。

我是生在一个快要没落的小地主家庭。虽说生地在湖南比较民智稍开的长沙，只因是在偏僻的西乡，不到辛亥革命，我不会跑向一个市镇——靖港，入高等小学。这个时候，我已读过六年私塾，四书、五经之类早已读完，多谢偷看过《三国》《水浒》一类的小说书，学做文章还算容易，不过一年就在私塾吃过“成篇酒”，千字左右的文言文，勉强写得成篇了。当然我在这个小学里算是高材生，同学如郭某，比我年龄小，他却自恃聪明，以诸葛孔明自命，后来做了时代的牺牲者。又有熊汉光（子容），后来得到教育部长易培基的帮助，以官费留学美国，如今成了教育家、大学教授。我在这小学读了半年，民国二年春季考入了长沙县立师范学校。论理，我是考不上的，一则那天我误了考期，从家里徒步九十里，冒着风雪，晚上才跑到学校。二则我的英文、算术、格致（自然科学），根本没有什么。幸而校长徐特立先生是由贫苦力学出身，考取学生不拘常格。他那一晚上准我这个赤脚踏雪的小学生补考，题目是“雪夜投考记”，我仅仅做了这篇文章，其他试题都交白卷，过了三天发榜，我也居然取录。

我在这班里，年龄比较还是幼小的，只因国文勉强得过去，就遮饰了其他功课的马马虎虎，觉得没有什么赶班不上。又因身体瘦弱，常常头痛眼花，住疗养室的日子特别多。在入校的第二年，又被很顽劣的摆子鬼所缠，医生（国医也!）诊治不好，就说有鬼，我只想下乡避鬼。谁知这个“鬼”很不容易避开它，起初它是隔日光临一次，后来改到三五日一次，十日或半月一次。勉强扶病回到学校过暑期考试，就又还家了。从此这个鬼半月来一次，或一月来一次、两月来一次不等。这样，继续到第三年的上学期，我已骨瘦如柴而无人色，风吹要倒了。还是靠红十字会医院医生给我服金鸡纳霜丸才医好的。这个时候，我的功课做得更马虎，可想而知。恰巧有一个同族兄弟，名叫高林，和我同班，有人问他我的功课如何。他说我自甘下愚，没有长进。先父听到了这话，回家告诉我，一面看我病骨嶙峋，一面又觉得我的学业前途无望，禁不住失声哭了。那时我又惶恐又惭愧，也哭倒在病床上。想起那时父子对泣的情景，至今还好像历历在目。先父去世已久了，而我的不长进、没出息，和当年没有两样；辜负了慈爱的教育，辜负了严明的庭训，我是如何的惶恐、惭愧、痛心呵!

在师范的第四年，病已好了，只身体瘦弱还是和从前一样。稍稍用功，功课颇有起色。从此以后，学期、学年考试，总是我和陈自耀、陈会贤轮流在最前三名，一时并称“三陈”。记得在全校三四百人国文会考，我也可以跟在前两班的王启龙、田寿昌、曹伯韩、黄芝冈诸君之后，列在前十名了。

一般忌刻我的同学，替我安上了许多小名，如“痨病鬼”“鸦片烟鬼”之类，谁知道现在我会胖起来，并不会病死或被人咒死呢！

我本来是从私塾出身，早已读熟过四书、五经之类，自己又看过《资治通鉴》《文选》《四史》《十八家诗钞》《古文辞类纂》一类的书。同时还曾学做过“破、承、起、讲”以及“策论”式的文章。这时到了学校，教我们国文的教师，是前清举人刘汝华先生。他的诗古文辞做得很好，属于桐城派。我对桐城派、湘乡派的古文有好感，曾把《曾文正公文集》读得成诵，当然是受了这位先生的影响。后来又有易寅村（培基）、易白沙两先生教我们国文、文学史、文字学等功课。寅村先生为我们开了一个简而精的国学书目，叫做“国学浅言”，记得这比后来胡适之、梁任公两先生开出的国学书目，还选得精当些。我所以对于历史考证，感到兴趣，那时胡乱的翻阅了戴、段、二王、俞、章几位朴学大师的几部书，不能不说是受了两位易先生的一点影响。何况前校长徐特立先生是一位力学苦行的教育家，后校长姜济寰先生是一位长于政治的史学家，提倡读书，给予我们的治学上、做人上以不少的有益的启示。只因我的天分太低，又不肯十分努力上进，辜负了父母的期望，辜负了师友的辅翼，至今年事不小，而百无一成，真是不胜惭愧感伤之至了！

我在这个师范学校毕业之后，家里虽然不十分希望我赚钱吃饭，可是也没有力量叫我继续升学。眼见许多同学在国内进了大学或高师，田寿昌、王启龙、杨正宇、李作华诸君先后东渡留学，我却不能不以弱冠之年教书，心里不免怅惘、彷徨，羡慕他们的幸运。于是把收入的薪金，用在搜买旧书上面，同时翻阅了许多僻书。并常从徐特立先生、易寅村先生问学。这两位先生藏书不少，我曾借读了一些。这时读到程朱的遗书，很感兴趣，我的迂腐气就更是进一些了。

说到我的迂腐气，我不能忘记我们的伦理学教师杨昌济（怀中）先生。他是长沙的一位名秀才，曾在东京、伦敦留学多年。后来他到北京大学当教授，因冷水浴得病而死。记得他发给我们的伦理学讲义，有一篇是讲人之气质的。他说人之气质：有英雄之气质，有豪杰之气质，有圣贤之气质。那时他在湖南省立第一师范学校教书，也是用的这一讲义，于是学生毛某俨然以豪杰自居，同学们就称他“毛豪杰”。在我们学校里，田寿昌曾于辛亥年曾做学生军队长，英气勃勃，算是我们同学里的一位特出的英雄。我呢，因为早读旧书的缘故，不免有点迂腐，颇想借读书变化气质，走希圣希贤一条路。“不为圣贤便为禽兽，莫问收获但问耕耘”。我写了曾文正的这幅[1]对联，贴在座右。至今说来，当然好笑，但我当时受了一位平日敬重的教师暗示，就不觉得像煞有介事的妄想那么做，一般同学叫我“老八股”，也就笑骂由他笑骂了。

我所以能够由中等学校出身就到中等学校去教国文课，不待说，是我颇像一位老先生。至于我入国立东南大学读书，那是受了“五四”运动的刺激，才发狂热似的躁动起来，跑到南京。学的是教育，颇留心于心理学一科，结果出来教书，还是国文、历史之类，人家总以为我于所谓国学有什么深嗜笃好，我也就只好一天天钻到故纸堆中去了。

因为一九二七年中国革命的局势的急剧变化，我感觉政治这东西真是瞬息万变，又觉得教育与政治不可分离，像我这样

[1] “幅”，当为“副”。——编者注

的性格，根本不宜从事政治活动，就于那一年秋季离开了长沙的教育界来到上海。第二年夏天我写了一部《中国近代文学之变迁》，由左舜生先生介绍在中华书局出版，舜生又介绍我为太平洋书店写《最近三十年中国文学史》，这就是我靠写文字骗饭吃的开端了。我是一个书呆子，不肯靠政治吃饭，这一意见写在《中国近代文学之变迁》的序文里，如今将近十年，还没有改变。将来怎样，或许说不定。倘若我的文字果然可以长此骗得一些粗饭吃，我当然以我现在这样的低廉生活为满足，一直活下去。虽说吃不饱，可是饿不死，在无数的不幸人群里面，我不算是很幸运的么？何况既已做了四五个孩子的爸爸，不妨夸张的说，为了人类，为了社会，这一副惨苦生活的重担，我还是要义不容辞的担受下去呀！

一九三五年六月三十日

我的读书经验

吴耀宗

我从小就喜欢读书；从学校毕业以后，在社会做事的年数也不算少，但从来没有离开过书本。所以，读书已经成了我的一种习惯。在学校时候所读的书，我不去谈它，因为那是被动的，也是没有多大意义的。我现在所说的是我个人读书的经验。

我读书的第一种经验是学问的联系性。我最初研究的是宗教，但因为研究宗教，便不能不研究一点哲学和心理学。后来又觉得这些部门的学问和许多其他部门的学问如经济、政治、历史、自然科学，——我向来很不喜欢的东西，都有密切的关系，我对它们也不得不稍微注意到。这样，问题就来了：我能够读书的时间本属有限，而我觉得要看的书实在太多。于是我便不得不严格的选择；某部门的书，我只能大略的浏览一下；某部门的，我有了相当的把握，便要适可而止；某部门的，我是要精深的研究。然而，在我，这也就很不容易，因为我向来有一个喜欢寻根问底的僻性，对什么事都喜欢有个澈底的明白。这样，愈想深刻，就愈要广泛，愈广泛，似乎就愈不能深刻。直到现在，我还不得不尽力约束我自己，以求解决这个矛盾。

我读书的第二种经验是知识的解放性。起先，我把世界上的问题看得很简单，很容易，以为我所有的一点知识，已很够用；后来，多读了一点书，反把一切的问题看得很复杂，很困难，因为各人的意见是这样的纷歧、这样的矛盾。再说研究宗教这一点来说，我对于宗教的信仰，起先觉得很有把握，以为我所相信的都是合理的，因而有点入主出奴的态度。但后来，看见许多关于宗教的各种不同的派别和学说和反对宗教的理论，便对宗教发生了疑问，又因为对宗教的历史、心理、哲学各方面有了一点研究，对宗教的观念，也有了不少的变化。在这个时期中，又颇有彷徨歧路，无所适从之感。但我还是继续的思想，研究。到了一个时候，我忽然得到一种“豁然贯通”的感觉。我觉得我明白了宗教的所以然，我觉得我能分别什么是宗教的精华，什么是宗教的糟粕；我觉得我了解宗教的知识和其他知识的关系。自从有了这种新的认识以后，我对于反对宗教的论调，有些很能同情；有些觉得浅薄，可笑；同时，对于那些狂热地拥护宗教的人，我也有同样的感觉。还有，我从前看作洪水猛兽，认为与宗教绝对不能兼容的某些主义、某些学说，我现在也能看出它们的意义，它们的价值，和它们与宗教基本相同和不同之点。这些，在我个人思想生活的过程中，我觉得是一种解放，而我认为帮助我得到这种解放的是我所始终勉力保持着的虚心和求真的精神。

我读书的第三种经验是读书和实际生活的关系。因为我所喜欢研究的是哲学、神学这一类抽象的东西，所以很容易犯想入非非、不切实际的毛病。后来我稍稍涉猎一点社会科学的书，我知道就是在这一部门的学问里，这一种危险也并没有减少。比如说，我相信社会应当根本的改造。在理论上，我能为这个题目讲出一大篇好听的话，但我对于社会实际的情形，究竟有多少的认识？就是有了若干的认识，我所主张的方法，是否能够应用到实际的问题上去？还有，我自己的生活，是否与我的认识不致背道而驰？这些问题和我书本上的知识，都有密切的关系，而我觉得很容易把它们忽略。我还感觉得一种需要，那就是把我自己的见解向那些思想比我更清楚，经验比我更丰富的人请教，常常因为这样，我便发见我的知识的缺乏，和思想的错误。演讲和写作于我也是一种很好的训练；一方面它们逼着我去读书，同时在我讲作的时候，我的思想便得到一番洗刷与整理，而听者与读者的反应，更使我的思想得到一个接近实际生活的机会。

我读书的第四种经验是忍耐与恒心的需要。有时我拿到一本要看的书，因为它的页数很多，便有点腻烦，把它搁起，想等到很空闲的时候才看它，结果一等便是几年，甚至永远把它束之高阁，而有时候决心开始看下去，一天只看一点，在不知不觉之中，全书不久也就读完。从这一点我便想到利用零碎时间的重要。那怕每天只有一小时或半小时的空闲，那怕这一小时或半小时是若干片断的时间所组成的，只要我肯没有间断地把它利用，在日积月累的努力中，它便有意想不到的结果。一本书是这样，推而至于一门学问、一种学说，也是一样的。最难的是在起头的时候，只要摸着了门路，立下基础，兴趣也就增加，进行也就顺利，从前认为不可能的事，现在也就不会感觉危难。这都是要用恒心和忍耐去争来的。

以上几点不算什么心得，不过是我从经验得来的，拿来勉励我自己的几种思想而已。

一个“知识界的乞丐”的自白

徐懋庸

现在的情形也许已经不大相同，在十年以前，则读书人还是“人上人”，而且中学生在小学生之上，大学生又在中学生之上，阶级划然，在上者是可以骄下的。

我于十三岁的那一年，在小学里毕了业，因为家贫，不曾进中学读书，在家里帮父亲做些手工，闲时也借些书看。书的借处，是吾乡几个热心教育的小学教师所创办的图书馆。这图书馆设立已久，我在十岁的时候就开始从它借些《征东传》《征西传》《三国志》《水浒》之类的章回小说看，到这时候，则已在借阅古代的诗文集子和新文学的书报了。看了这些书之后，我自己以为能够懂，所以也喜欢谈论。但在平时，谈论的对手是没有的。待到年终放寒假的时候，许多在外面中学里读书的旧同学、同乡，我就高兴起来，以为可以跟他们谈谈了。

那一年正是泰戈尔得诺贝尔文学奖金的一年。有一位中学生的网篮里，便装着许多泰戈尔的作品的译本。我是也曾在《小说月报》上看过几篇介绍泰戈尔的文章和泰戈尔的作品的译文的，所以我就对那位中学生谈起泰戈尔，问他对于泰戈尔的作品的意见如何。不料他听了我的问话之后，并不答复，反而白着眼问我道：“泰戈尔？你知道泰戈尔是那一国人么？”

“这是我知道的，他是印度人。”

“对了，印度人，但是你知道他叫什么名字么？”

我其时还不曾知道外国人的姓名的分别，以为“泰戈尔”就是泰戈尔的名字，所以说道：“他的名字不是叫做泰戈尔么？”

“哼！不是的。他的名字是 Rabindranth，Tagore 是他的姓。他姓 Tagore，Ta－go－re，泰戈尔就是 Tagore 的译音，但是 Go 译作戈是不对的，照英文应该念作 Ta－go－re。照这样看来，可知中国的翻译之靠不住了。Tagore 的作品翻译的都是不对的，我们要欣赏他的作品，非读原本不可。”

被他这样一说，我完全气馁了，不敢再同他谈泰戈尔。我连泰戈尔的姓名都弄不清楚，“戈”字又念得不对，所读的作品又只是不可靠的译本，那里配谈呢！听他的口气，他一定是读过 Tagore 的原本的，但看他的神气，似乎对我已很轻视，不屑跟我谈，即使请教他也徒然了。

我垂头丧气地离开他之后，第一次深深地感到家贫不能升学的悲哀。譬如那位中学生，在小学的时候本是和我同班的，而且成绩还在我之下，国文、英文两项，和我尤其差得远。如今仅隔半年，只因为他在中学研究，我却在家自修，就反而远不如他了。若再隔两年、三年，那不是要天差地远，我将愈加被看不起了么？

又隔了半年，我果然受到另一个中学生的更大的侮辱。

我对于十年前吾乡的一批小学教员，实在非常佩服，他们对于教育事业的忠实和努力，远非现在的办者所能及。他们于创办图书馆、平民夜校、新剧团之外，每逢暑假，还办一个油印的刊物，供一般知识分子发表舆论、交换知识，这种刊物，对于吾乡的社会确曾发生很大的影响。有时候，那上面也登些意见不同互相论难的文字。当我十四岁的那一年，便因某一个问题和一位中学生论战了起来。论战到末了，是那位中学生做了一篇嵌着许多英文使我看不懂的文字收场，那篇文章的结语是：“你这知识界的乞丐，配说什么呢！”

对于“知识界的乞丐”这一个衔头，我在当时感到莫大的耻辱。但后来仔细一想，觉得这于我实很切合。我和那些中学生们的确是有乞丐和大少爷之别的。大少爷之所以为大少爷就是因为有现成的饭可吃，现成的衣服可穿，现成的教育可受，而乞丐，却是一无所有，种种都要向人们去求讨。像我这样，进不起学校的人，本来是不应该有智识的，即使有一点，也不过是苦苦讨得来的残羹冷炙罢了，怎样配跟大少爷们去瞎说山珍海错[1]的滋味呢！

明白了自己实在是个乞丐之后，我的求知欲反而愈加强烈起来，因而我的求乞也更勤了。此后的三四年中，我真像一个饿得不论草根树皮都吃下去的乞丐似的，把能够借到的一切书报，古的、新的、科学的、文学的、杂乱无章地看进去，看进去。另一方面，又怀着像想混进富家的厨房饱吃一顿的心愿，兀自寻觅着进学校的机会。

侥幸的是，民国十六年的秋季，上海办起了一个不化钱可以读书的劳动大学，我就如愿以偿的考进这学校的中学部了。

进了中学之后，我还是贪婪地乱读一切。于各种教科书之外，读得最多的是杂志。日本文学家厨川白村曾论“杂志学问”之非道：

日本的读者总想靠了新闻杂志的智识，求学问。我想，现代的日本人的对于学艺和知识，是怎样轻浮、浅薄、冷淡，这就证明了。学艺者，何待再说，倘不是去听这一门的学者的讲

[1] “山珍海错”，应为“山珍海味”。——编者注

义，或者细读相当的书籍，是决定得不到真的理解的。纵使将所谓“杂志学问”这一些薄薄的知识作为基址，张开逾量的嘴来，也不过是招识者的嗤笑。因为有统一的系统底组织的头脑，靠着杂志和新闻是得不到的。

这话当然是对的。我在中学的开初的一年多中，就是因为乱读杂志，把头脑弄得凌乱不堪。智识既没有系统，思想也找不到径路，所以愈读愈觉得迷惘愈感到烦闷，幸而后来遇到了两个救星，我的头脑才在他们的指导之下组织化起来。

那两位救星，便是“数学”和“历史”。数学的训练使我具有组织的能力，历史的启示使我得到系统的概念。从此我对于种种学术和智识，方有一点真的理解。不过我对历史的理解，却是一本讲文艺思潮的书——本间久雄的《欧洲近代文艺思潮论》所促进的。我在《读书生活杂忆》一文中，记着这一回事：

化学上面说着有几种作为“触媒”（Catalyst）的物质，在它的接触之下，它自身并不起变化，却能完成别的两种物质的化合。《欧洲近代文艺思潮论》这书，对我也生了“触媒”的作用。我在读此书以前，也曾乱翻些哲学的社会科学的专书或杂志论文，然而我不能理解，即使有自以为懂得了的，其实连一知半解也谈不上。直待读了本间久雄的这本着作之后，我才豁然贯通了哲学社会科学上的许多问题。

从《欧洲近代文艺思潮论》，我认识了社会进化的铁则；从《欧洲近代文艺思潮论》，我解悟了唯物辩证法的公式……这些道理，都是这本书中所不曾讲到的，但我却由此旁通了，所以我说这书是“触媒”，它影响了我，却并不使我更加倾向文艺而使我的脑子跟哲学和社会科学的知识相化合。

从此以后，我就系统地阅读了许多哲学和社会科学的著作，由此更进，我又注意到自然科学。在劳动大学的中等科的最后一年，我是专习理科的。

但是因为注意的范围太广，就不能深入，所以我在各种学艺上都没有成就，至今还是一个不学无术的人，只能写些“杂文”，在文化界打杂而已。有些知道我的历史的人，说我已经由“知识界的乞丐”升做“文化界的短工”。但我以为这话是不对的。在知识上说，今日我还是一个乞丐，因为我自己的感到不足如故，而求得也仍然不易也。

和我同样的“知识界的乞丐”，一定是很多的。但看近几年来的情形，从学校里正途出身的大少爷们，已不似先前那样的趾高气扬，自以为了不起而任意侮辱学校以外的求知者了。文化界对于一般失学青年的教育，又颇加注意，读书的指导，于生活有用的学艺的通俗的介绍，都很努力。这在我们这些“乞丐”，实在比侥幸进了学校还要好得多哩。

元人翁森，作《四时读书乐诗》，说尽大少爷们读书之乐，例如那咏春天读书的一首道：

山光照槛水绕廊，舞雩归咏春风香。好鸟枝头亦朋友，落花水面皆文章。蹉跎莫遣韶光老，人生惟有读书好！读书之乐乐何如？绿满窗前草不除。

这种乐趣，当然不是我们做乞丐的所能领略的。但是我们时常也感到一种读书的乐趣：那是当书中所说的话，使我们悟得了存在于我们的现实生活里面的种种社会的和历史的真理，使我们对于将来的光明发生希望的时候。

我的生活与读书

周楞伽

小　引

读书生活社要我写一篇读书经验说，像你这样生理上有缺陷的人，居然能够自学成功，成为一个作家，倘若能把过去的生活经验发表一些出来，至少可给予还在自学中的青年们以鼓励。这话很使我惭愧！虽然现在颇有一些“家”而不“作”的人们，拚命想挤入作家之林，但我却始终以为：“一为作家，便无足观！”我是久已无足观了的，以我这无足观的人写出无足观的生活经验来，对于别人又能有什么良好的影响呢？不过人情每好回顾过去，在今日之下，我回过头去，看过去的我，怎样从崎岖仄狭的小径上，逐渐走上平坦的大道来，觉得也不无可纪的价值。那么，就不杂一些虚伪，不带一些夸大，忠忠实实的为过去生活描画下个轮廓来，留给自己作纪念吧。

（一）幼年的教育

我于一九一二年，即辛亥革命那年生于江苏宜兴。我家是一个没落的书香门第，上代虽也曾做过官，但传到祖父手里，却已经很式微了。

我六岁才启蒙，在姨母家所设的私塾里附读。那时我家的环境很困难，父亲因为受了姑母的谗毁，负气在外面游学，家中的一切全靠母亲苦心维持。我在私塾里，每天要识十个方字块，童年的记忆力较强，还不至于忘却，所以这教方块字的阶段，很快的便告终了。接着就是《三字经》《千字文》和当时一切儿童所受的教育一样，顺序渐进。

七岁换了一个私塾，从一位姓季的老举人读《孟子》，但只读到《离娄篇》，便终结了我的私塾生活。这时，帝国主义的教会势力正深入内地，我家也常有洋尼姑来宣传。说是信仰耶稣还不如说是贪图不时有糖果画片可得的利益罢，我便也随着两个姊姊进了教会所设的中西女塾，读的课本名叫《由浅入深》，此外还附带教授一些初级的算术手工、图画。

不过这雌伏时间也不很长，下一年我便又随着哥哥进了协和初级小学。这一个小学要算是当时城中的小学最完善的，特别是校舍就设在一个私家花园里，环境非常优美。一直到现在我还不能忘记它。虽然我那时所读的课本，还纯粹是文言的商务《共和国教科书》，而我在学校里也只读了一年有半，连四年级都没有进。

我幼年所受的教育是这样的奇奇怪怪，就是我自己现在探索起来，也不明白我那时到底曾从这教育里学得了些什么东西。勉强说出一些功绩来吧，那便是它使我认识了现在还在流行着的汉字。

（二）灾难的袭来

在我十岁的那一年一个大的灾难开始降临到了我身上，夺去了我应享有的一部份人生幸福，并且也剥夺了我在这旧社会里做人的资格，使我在世俗的眼光里，永远得不到尊敬。

这灾难，可说一大半是由自己造成的。那时后[1]，我舅家的一位表兄在续弦，我随了母亲去吃喜酒，未免多住了几天。小孩子家知道什么，终日只是肥鱼大肉的吃，把油腻充塞在肠胃里，一旦感冒了外邪，便爆发而不可收拾了。就在吃喜酒回来的第三天，天上降下了暴风雨，我在上课时就面红身热，有了病的征象，回家时又不曾有人来接，我独自一人，执着一把雨伞，在暴风雨中走着，风把我的雨伞吹到东，吹到西，差点没连我的人都吹倒。我勉强支持着，回到家里，便倒下来了，胡言乱语的，身上发着极度的高热。

这场病的来势真是非常凶险，有好几夜我都昏昏沉沉的，失了知觉。据母亲事后对我说，在我病势最危险的时候，她曾哭过好几次，以为我是决不能再活的了。然而我却终于活了下来，只是身体上丧失了一种重要的官能——宝贵的听觉。

（三）在黑暗中

从十岁到十六岁，这七年的长期间里，在我的生命史上，是度着像欧洲中世纪那样的黑暗时代。

听觉是失听了，虽然只是一只左耳，右耳对于稍微宏大的声浪，仍能听得清清楚楚，然而毕竟已经失去了受教育的机会。这真是非常危险的事，年纪还不过十岁，在人生的长途上，只走了一个起头，以后这漫长的途程，叫我这没有受过高深教育而且丧失了听觉的人怎样去走呢？见着我的人差不多都代我担忧，但我自己却仍旧不识不知的，只知道嬉戏。

那时在我唯一幸福的事就是认识了字，日常无事可做，我

[1] “那时后”，当为“那时候”。——编者注

便把我的趣味埋在家中的一只旧书箱里。这书箱里藏有无数启发我童年智慧的珍宝——《三国志》《说岳传》《西游记》等类的旧小说。于是，我不再贪嬉玩了，一坐下来就捧着书看，看完了家中所有的，更偷了母亲的钱出去买。由于多看少运动的缘故，我变成了一个面色苍白举动滞钝的小孩子，同时强健的记忆力也渐渐消褪了。虽然我后来写作生活的基础，是由这时期奠定的。

一九二三年，在我的幼年生活上，起了个小小的变化。父亲在上海挂牌作了律师。他把我带到上海来，要我帮他抄写状词。我那时虽还只有十三岁，但字却写得还端正，适于做这工作。

这时，上海的文化界，正是鸳鸯蝴蝶派得势的时期。走到书坊里去一看，满眼尽是《礼拜六》《星期半月》《红杂志》《小说世界》等类的刊物。置身在这环境里的我，当然也不免受到影响。我的趣味变化了，我不再喜欢看旧小说，却和鸳鸯蝴蝶结了不解缘。

因为读得多，不免见猎心喜，便自己也动手来写一些，过起投稿生涯来。不过那时的笔下真幼稚得可笑，即使是鸳鸯蝴蝶的刊物，也很少肯容纳我的作品。

代替了鸳鸯蝴蝶的刊物容纳我作品的，是上海一隅最流行的小报。说来真惭愧！在极盛的时代，竟有十多家小报需要我的幼稚而不成材的零乱文章，正如现在有十多种新文化刊物需要我的稿件一样。

不过最后终于也给我攻进了鸳鸯蝴蝶的营垒，在《红杂志》后身的《红玫瑰》上，连续发表了我许多初期的作品。那时我的署名，是也颇带有一些鸳鸯蝴蝶气味的两个字：“剑箫”！

这便是我在黑暗时代的生活实录，五卅的警钟没有惊醒我的迷梦，国民革命的怒潮没有激荡起我的热血，我是如此愚昧平庸的一个人！

（四）一线曙光

时代毕竟是伟大的，即使是我那样愚昧平庸的人，也终于给它开了茅塞。从落后的群众中间带上了前线。

我将永远纪念着一九二七，这一个伟大的时代，伟大的年头，使我第一次受了新文化的洗礼。

那年的夏天，我以一个极偶然的机会，从一位同乡到正在半价的泰东图书局去买书，发见了几册《白露半月刊》，因为它的定价便宜，便把它全部买了回来。这是一种青年人的刊物，倾向并不十分健全，但那种新的体裁、新的风格，尤其是充满在字里行间的一股青年人的热情，却非常投合我的胃口。我的视野放宽了，我开始从鸳鸯蝴蝶以外，多得了一种读物。虽然在起头读的时候是很艰苦的，尤其是那我所不习惯的欧化倒装的句法，和摸不清头绪的深奥的思想。

这时，我的环境仍旧是很困难的。父亲完全是一个利己的人，他无日无夜的叫我帮他抄写，而他却连几个铜板的零用钱都不给我，更不用说给我钱买书了。我那时唯一得钱买书的方法，便是揩油和偷。不过揩油和偷来的钱毕竟很有限，它使我无力买单行本的书，于是我便采取了最经济的办法，专买杂志。首先买得来的《创造周报》合订本和《季刊》这几本书给予我的影响最大，它不但使我唾弃了鸳鸯蝴蝶，而且使我认识了时代。

为了钱的来源太少，纵使是买半价书，在我也是一种奢侈的举动。迫不得已，我只好到城隍庙的旧书摊上去跑，买十个铜板一本的便宜书。这样跑了两年，很幸运的，我竟把以前的《小说月报》从革新的第十二卷起，到十七卷止，一齐凑全。现在城隍庙里摆旧书摊的人还都健在，他们一定都记得，那时有一个蓬着头发，穿着仅仅蔽膝的长衫，常常来翻便宜书的孩子。

（五）从读书到写作

一九二八年，我的肚子里已经装下了不少新文艺的粮食，同时正在流行的革命文学和茅盾先生的三部曲，给了我非常的刺激，于是我便开始来练习写作。这生活才一开始，便逢到了顽强的阻挠。

阻挠我最力的一人便是我自己的父亲，他阻挠的理由很简单：第一，我从事写作后势将不能再帮他抄写，这是于他的利益大有妨碍的。第二，便涉及了思想问题。我父亲当年也许是个维新党，因为他常喜欢和人谈康梁及六君子，但他的思想终于只停止在维新期而已，“五四”运动他便有些不赞成，“五卅”以后的新思潮更使他视如洪水猛兽，在他的眼里，几乎所有新文化书籍全是宣传不稳思想的，而写作新文艺小说，更足以酿成文字狱，动也动不得！由于他的严厉和顽固，我只好瞒着他，等夜深人静后，独自伏在亭子间里的破桌上动笔。

但渐渐的我的智识增进了，我不但认清了时代，并且认清了我所处的家庭环境。家中人自我父亲以下，差不多都具有一种共通的劣性：自私胆小。我当然不能为了这种劣根性牺牲我一己的前途，于是我便大胆地就在日间也从事写作，甚至拒绝再代父亲抄写，开始对父亲树起叛旗来。

这叛逆的举动，当然使父视非常震怒，他籍着时代的压力，给了我不少的迫害和磨折。有好几次我被迫着，不得不含泪焚去了我心爱的书籍；但对于写作，我仍旧是不肯放弃的。为了要保护我手里的一枝笔[1]的存在，我那时甚至有不惮以颈血来写生命史的勇气。

（六）从理论到实践

就这样，在万难的环境里苦斗了两年。到一九三〇年的开头，我的写作算是粗具根柢了。虽然离成功还是很远的。

一九三〇年，我有一个伟大的企图，想把"五四"以后的十二年作背景，写一部十二卷一百二十万言的长篇小说《市民》，每一卷代表一年。而且居然在三个月的时间内，把第一卷《白烧》完成了。

那时，我的堂兄全平正在上海开西门书店，我把第一卷原稿交给了他。立刻便被他赏识，答应为我出版。不幸正当全书排校完竣制成纸型时，西门书店却因亏本关门了。但这也许可说是我的幸运罢，倘若这部幼稚的作品竟得问世，那是适足使我汗颜的。

我那时读书的趣味也有了改变，喜欢研究社会科学。好在书店里各种新书都有，随手拿回来看就是。在这许多书籍中间，最使我得益的有两部：一部是塔尔海玛的《现代世界观》（昆仑出版），还有一部是伏尔佛逊的《辩证法的唯物论》（亚东出版）。对那些还未获得正确的世界观的青年，我郑重地向他们推荐这两部书。

[1] "枝"，当为"支"。——编者注

关于一九三〇年以后我的写作生活，希望读者诸君去参看本年《东方杂志》新年号内我所写的《生活之一页》，这里因为篇幅关系，不多说了。要说一说的，只是在“九一八”以前，我的作品中的内容多半是空想的，“九一八”以后，才把我的创作和实践结在一起，凡是我所不甚熟悉的题材，我都不敢轻易动笔。

现在我正在写一部三十万言的长篇小说《炼狱》以一九三二至三三的时代为背景，已经写成了八章在这部书上，我曾费了三年的时间去搜集材料和考察实践，将来写成后，或者不致怎样使读者诸君失望。

以上便是我的全部生活纪录，没有半语虚假。从我过去的生活经验看来，我敢相信世上决没有什么困难的事件，只要人肯虚心，有勇气就是了。“天助自助者！”我愿每个自学的青年，都能牢记着这句话。

读书三部曲

熏　宇

近代正则的书，除却等于装饰的封面，至少包含三部分：一，序。也有附着编辑大意，或凡例的，或只有编辑大意或凡例而没序的。二，目录。三，本文。此外还有些附录。

新买一部书到手，假如准备认真地读它，那么，第一，便应当读序文、编辑大意和凡例之类。一般人不甚注意这一点，其实却很重要。序文，大半是说明作者下笔的动因以及他在本文中所注意的各点。编辑大意和凡例之类，不用说，更是具体地叙述本文的主眼和组织，等。这些对于整个地理解全书，都很有帮助；不但如此，有些意义很少或十之八九是抄录来的书，假如作者的序文之类很忠实的话，只要读过这序文之类就可将它束之高阁了。还不但如此；假如这本书所属的门类中，你已读过些部数，从它的序文中，你便可知道这部书对你有多少帮助，有时也就可以将它收在书架上，让有参考的必要时再翻阅。自然这些话得有例外，尤其在近来，著作物更形露骨地商品化的年头，有些书的序文简直是广告，不是自赞，便是请几个“名人”代吹嘘；这类序文当然和本文很少有关联。不过也值得一读，而且这类书的序文比本文更值得一读。它有时会告诉你本文大可不看，有时，在你读过本文以后，它就会给你做证人，使你更认识那作者和那作者的作品。

第一步读序文，第二步，不用说便是读目录。若把读字的意义看得比较的严，那末，这似乎可笑极了，第一章什么，第二章怎样，这那好读。不过这里所说的读，意义很宽，读了目录，全书的组织和轮廓在心里便有点影儿，这于本文，好似指路碑，能说一点用儿没有么？也和读序文一般，假如这本书所属的门类中，你已读过些部数，从它那里你便可知道这部书对我有多少帮助，有时也就可以将它收在书架上，让有参考的必要时再翻阅。

第三步，当然读本文。前两步虽是必要，但可以说，只是它的准备。本文当怎样读法，一言难尽。好书不厌百回读，真是好书，读一遍有一遍的趣味，也可以有一遍的会心，那怕你已能将它背诵如流，读起来还是别有风味，别有会心。至于坏书，不值一读半读，翻过几页，勿妨掼在火炉里，省得在书架上占位置，或害别人浪费光阴。

好书、坏书都不必说还是说好坏未经你自己评定的新书。假如要认真地读，至少得读两遍。第一遍快读、粗读，第二遍慢读、精读。快读、粗读，是不求甚解，观大略的工夫。慢读、精读，是力求了解，细磋细磨的工夫。

所谓快读、粗读，其作用有消极和积极两方面。消极的便是淘汰作用。人寿几何，所谓“于书无所不读”在古代容许有万一的可能性，若在近代，要说这话正是自己招供“所见甚狭”。因此，对于书不能无所选择。在快读、粗读以后，这本书的大体已可明了，有否精读的必要便可抉别，这就是淘汰作用。书可以分三类，一是不值一读也不足供参考的；二是不值精读而足供参考的；三是值得精读的。经过快读、粗读的淘汰作用，手里的那部书，便可编排到这三类的一类中。倘若是编排到第三类的，那就得振作精神，集中注意地来慢读、细读。

对于第二步的慢读、细读，第一步的快读、粗读很有积极的作用。好的书好的文章，都有很谨严的组织，要理解，须整个地去理解。正如看画，一幅好画，它的结构、色彩、线条全都是一贯的，调和的。只许整个地欣赏，不许你分开来数它里面有几件什么，那些是黄，那些是红。一个词，一句话，孤零零地，便毫无意义，不，有意义，有的是死的意义。有的人看见一幅字，他批评说某一字有力。甚而至于说某字的某一笔有力，这实在不妥当。若整个地看，倘然一幅字有的好有的坏，一个字有几笔好有几笔坏，那就不是好货。有的人见到女人，他批评说，这个的鼻子美，那个的眼睛美。假使那美鼻子长在歪嘴巴上，美眼睛下面却是塌鼻子，还有什么美？美是有生命的，她的生命便是调和，没有别的东西帮衬；和四周的东西失了调和，便没有生命，也就无所谓美。美是如此，一个词一句话的意义也如此，它们的生命，是在整篇文字或整部书的关联中，正如手指的生命是在全个身体的关联中一般。就是为了这样，对于一部书要理解，一面是要全部的，同时又要逐字逐句的，从全部中理解各字句的意义，从各字句的连缀理解全部书的意义，这是读书法的基本原则。也就是为了这样，快读、粗读应在慢读、精读之先。若对于全书的轮廓没有一点影儿的人，便一字一句地去精读，其结果一定只能得到些零零碎碎的，毫无生命的知识。有些书读得多，而且天资较高的人，拿着一部书，一目十行地浏览过去，他便可以说出这部的主要意义来，这就比一起首便逐字逐句地读好得多。

好！话儿有点漏洞了。既是浏览比起首就一字一句地细读好得多，快读、粗读岂不就够了么？然而说话不得这般马虎。浏览只能得大略，原书的精微特点却抓不到手中。一部书既值得精读就不应浅尝辄止了。真是好书，真是值得精读的书，一次的慢读还不够。逐字逐句地读去往往有些地方当时还不能理解，必和后面的反复印证才能恍然大悟。而这反复印证的工夫，往往不是一次可以得到的。因为一个人毕竟只有一幅头脑，一时的注意只能集中在某一二点，若你所需的印证，正好不在你注意所集中的领域内，当然你和它就得相见不相识了。人的注意的集中点从另一面说，又不能时时一样，因此要收反复印证，恍然大悟的功效，唯一的法门便是多读几遍。

所谓逐字逐句地慢读、精读，其目的自然是在对于那书一点儿不放松。但话虽如此，一次精读就要做到家却十有八九不可能。在这里，于是便不能不慢中见快，精中见粗，为了一时一次不能立即解决的一点困难，便停在那儿徘徊，岂不大煞风景。有些困难不但就本书反复印证才能解决，往往有还须从别方面去求救兵的。而这枝救兵，有的是一求即得的，比如认不识的字查字典，但也有不能硬求只可偶遇的。所以即使是在慢读、精读，也无妨慢中见快、精中见粗，留些困难以待来日救兵的光降。

本文如是读法，如是读过，一部书总算没有白买。至于读时作笔记啦，作记号啦，这要看读的目的而定，所以不用啰唆了。

读完本文，比如那书还有附录是否要读一过呢？当然要读，而且还须早读。附录总是和本文有相当关联的，在读本文时就得随时参读。

说来都是空论，然而一般地说，只好如此。严格地说，在现代，书籍门类很多的现代，各种书有各种书的特殊的读法，用读数学书的方法去读物理书，已不免有些勉强，若拿去读小说、戏剧、诗歌，那更是荒天下之大唐了。不过原则却大体不差，这里所说的，就只是原则而已。

五、读书与生活

要求读书生活合理化

伯　韩

世间读书的人是很多很多的，除了一种专门读书的读书匠以外，一般忙着各种各样生活的人，许多都肯拿一部分的时间来读书。不过书的种类是千差万殊，而读书的人，兴趣也是极不一致，同时，环境的限制，决定了各人读书的范围；生活的要求造成了各人读书的态度。试看那些有闲的绅士们，读书的地方必须选择那窗明几净的书斋，所读的书必须选择那装潢精美、内容可作笑谈快意的资料的，他们的读书生活，不过是消闲的生活罢了。但另有一些有职业的人们，他们整日价忙于工作，在工余的时候，还要拿一部份时间来补习英算，或者到函授学校去学习各种应用科学；这些人的读书生活又是何等的实际，何等的紧张！

大多数的人是没有那舒舒服服的闲情雅致的；所谓为衣食奔走，这样毫无余暇的葬送一生的人，可以说遍地皆是吧？那同星子一样数不清的书籍，就好像不是为他们而设的，和他们无缘接触。实在，除了专门的读书匠以外，旁的人就算抽空来读点书，能够合理的享受读书生活的人还是很少很少的。因为忙于职业，多余的时间是有限的，在这有限的时间之中来读书，如果不是经过适当的选择，随便拿一本书来读，或者碰着一本毫无益处甚至反把脑子弄昏的书，那有限的时间就白白的消耗了，而知识并没有增加。这样，甚至于一生的读书生活，都是毫无意义的过去了，那是多么大的损失！

要做到读书生活的合理化，这一点就是在专门的读书匠一方面也值得注意，值得提倡。我这里联想到几个读书人的故事了。一个是俄国小说家郭哥尔所著的《死灵魂》[1] 中的人物，叫做彼得·路史加的，非常喜欢读书，不选择种类的读，但是并不领会书中的意义；他时常惊异着“文字如何可从字母构成”，假如他生在中国，当然永远把“文字可从点、横、直、撇等构成”这件事作为唯一的奇事的。这位先生的读书生活，可以说是一塌糊涂了。

第二个就不是小说中的人物而是一位历史的人物，可是把他的名儿忘记了。日本鹤佑见辅在他著的《思想山水人物》里面曾经介绍过这位先生；这是英国的一个历史学专家，他是一名贵族，有几文铜钿，所以他能够在南欧洲择一块风光明媚、山水清幽的所在建设一个合于理想的书斋，把几万卷藏书都搬到那里安放着，他在那个地方专门读书，约莫也有六十年左右，但是他自己一个字的著述都没有。鹤佑见辅说这种人的

[1] 《死灵魂》，今译作《死魂灵》。——编者注

读书好像大沙漠的吸水一样，只看见吸进去，不看见吐出来，倒有几分相像。光华万丈的人类的文化本来是由无数代的人们的成就，一分分一寸寸累集起来的；而这位英国的历史学家便一分半分的成就都没有增加上去，白读了几十年的书。

还有一个人，却又是小说中的，那便是柴霍甫著的《赌》里面的一位律师。这律师自从在二十五岁的年纪上和一个银行家打赌吃官司，为的想得两百万金镑，自愿在银行家的公馆里坐十五年的牢，他在十五年之中真是无书不读，外国文都学好了几种。不仅文学、哲学、宗教的书读得很多，连许多自然科学、社会科学的书浏览了几百种；可是，他到了将要坐满十五个整年限期的前一天忽然留一张字条儿宣布他抛弃了那应得的两百万，而且于限期前几个钟头跳窗子走了。在这里，是这位律师从十五年的读书生活里澈悟了“人生无常”“四大皆空”的哲理，他因为书籍的帮助，得在牢囚的斗室中乘着“幻想”的翅膀经验过人间世❶一切可歌可泣、可惊骇、可留恋、可骄傲、可羞耻……的生活，于是他反过来断定人间世的实生活都只是如梦幻、泡影一般的虚伪的东西。这一个读书的人，便不像上面说的那两个人的痴呆，实在是一个了不得的有思想的人。

读书不只是囫囵吞枣的看过去，顶要紧的是了解书中的意义。这个就不能不要思想的帮助。然而事情不止于此，仅仅了解书中的意义还不够，顶要紧的是使书籍帮助我自己的思想。我自己的思想是读书生活的骨干，书籍不过作为我们驱使的工具罢了。所以，要有思想才可以读书，而且要独立的思想才可以使自己不为书籍的奴隶。

但是，如柴霍甫所说的那个律师，他把读书生活和书斋

❶ “人间世”，今作“人世间”。——编者注

（在他就是那牢间）外的实生活隔离了，他不曾晓得和他打赌的那个银行家营业的亏损，及其无力偿付两百万赌账的困难情形。那个银行家因为赌约在律师手里，非常的忧惧，本来准备在限期将满的前一晚上暗杀了那个律师，虽然幸亏那律师悟到了释迦牟尼一样的哲理而“悬崖勒马”，不曾遭了危险，可是只算得偶然的凑巧，假如银行家早一晚动手，律师的命也没有了，而他的轻视两百万家财的大觉悟也要不为世人所知。何况他虽然没有遭了暗杀，十五年的光阴总算是白过了，他可曾对人类社会有丝毫的贡献？而且，把现实生活视为虚幻的他这种道理，在剥削者、压迫者一方面如果真的能够相信，固然也可以少一些欺凌弱者、苛刻穷人的事，但事实上这些人都是最聪明的，尽管宣传而并没有几个真心相信的，若是在被剥削者、被压迫者这一方面，他们是容易相信而且在那方面宣传影响之下要增加相信的机会，可是他们因此就受尽人间的一切困苦磨折，都是毫不介意、丝毫不去努力于改革现实生活的斗争。这个便要使担负创造人类文明的大多数有用的人们的双手不能自由的舒展，而使人类的文化进展为之阻滞、延缓。

因此，徒然有独立的思想而不能够把它和现实生活连结起来的读书人，读一辈子都没有用的。所以，如果一个人不能使他的读书生活合理化，纵然他是读过满满的五部搬场汽车的书，我们也不要欣羡他了。

其实，真要使读书生活合理化，就不应当有一种专门读书的读书匠；要使读书与生活溶成一片，一个人就不应当离开一切工作而关在房子里去读书，因为书本上的知识，都是已往的人类实际工作的经验的积累，只有和实际工作联系起来，才能够正确的充分的了解其中的意义，也才能够在实际工作中来应用它。现在的教育制度，使实行生产的人得不到书本子上的知识，而能够获得书本上知识的人又不去，或者没有机会参加生产工作，虽然在提倡生产教育的宣传之下，这种知识与工作分离的现象也不能矫正过来，假使要使每一个参加生产的人都有受教育的机会，就必须先使每个这种的人工作时间大大的减少，生活上的享受也要比较优裕，而可以容纳这许多人的教育机关或设备又必须建立起来。假使要使每一个受学校教育的人去参加实际的生产工作，就不仅在教育行政方面具有这么一种功令就够了，也不是仅仅在学校里面具有模拟的工作实习就行了。他必须真正的做一种实际的生产工作或者参加到社会里面的一个生产机关里面去。要做到这步，就非先使全部生产机关和教育机关在整个计划之下连击起来不可。

这样的读书生活合理化，自然还只是我们的理想。可是这个理想可以作为我们奋斗的目标。在我们实现我们的理想以前，我们也应当在现实生活条件允许的范围内勉力建立我们的读书生活，而且要使它尽可能的合理化。

我们虽然站在学校以外，但在日常工作中不免要发生种种的困难，不免发生关于自然现象或社会现象的种种问题，因此我们不得不运用我们的思想去解决它们。我们应当选择那与这些问题有关联的书来读，以帮助我们的思想。由于这一个总的原则，我们读书便不是无目的的、无选择的，不是作书橱，也不是作书的奴隶。这样的读书生活，可算是有意义的生活，也是愉快的生活。

二十三年十月十三日

生活读书化

庶 谦

“读书”只为着“明理”的教育，早已过去；把“求知”和“应用”分开的教育，也起过根本的动摇。现在一般地占着优势的便只有那杜威氏的“教育即生活”。

从杜威到中国起，一直到现在，已有十六个年头了；我们在“教育即生活”的“尝试”之下，“成功”了一些什么？

现在应该是检讨的时候了。在那些所谓“实验”的小学校里，最能引起学生们“兴味”的，便是那种所谓设计教学法。真的，在每一个“设计”的过程当中，学生们都是欢欣鼓舞地去努力工作的。但是，那些学生们一经走出了那一个“设计”的时候，他们便仍旧做自己的去了。他们去打他们自己的球，去打那种设计教学以外的球。他们去拜会自己的朋友，去拜会那种设计教学以外的朋友。

在这里，我们应该看出：“教育即生活”是把教师们所认定的教育放到学生们生活当中去了的；但是却不会把客观上学生们全部的生活放在教育当中的。

因此，“教育即生活”的教育，就观点上说，它仅只是主观的；因为它只是出于教师们的一种“设计”。就教材说，它仅只是部份的，因为它只是剪取了生活上的一片。

由这种教育的结果，学生们在学校里的“尝试”尽管“成功”，但出了那一个实验的场所（学校），他们便仍旧是失败。因为学校生活以外的大部份生活，学校里原来就不曾过问，所过问到了的，也仅只是主观上的一部份；所以，学生们走到社会上的不能“适应”那正是当然的（自然，在这里，也还有社会上的物质上的影响）。

在事实上，“教育即生活”的教育，仍旧是把“求知”和“应用”分开了。并且，仍旧还是保存着那种“读书只为明理”的形式；不过，把从前那种玄妙的“理”换成了近代所谓科学的“理”罢了。话虽这样说；但我们对于“教育即生活”的教育，并不是要去全般地推翻；因为它实在也包含着人们过去在教育上实践得来的一种成果。

我们以后所需要的，是在“教育即生活”以下，再接上一句：——“生活即教育。”这样，便是不单只要把狭义的教育，放在一部份的生活当中；同时，还要把全部的生活，放在广大的教育当中。

具体地说：在城市中不仅学校应是一个工厂；同时工厂也应是一个学校。在农村中不仅学校应该是一个农场；同时农场也应该是一个学校。在商业上，不仅学校中应该设立商科；同时，一切的商店，我们都应该设法使它学校化。在教学上，师范生固然应该有他们实习的场所；同时，在一切行着教授的地方，都应该有教师们自己进步的地方。“生活即教育”的教育，这在大体上也和杜威所谓广义的教育相当；不过，他不曾说要把工厂、农场和商店等一律都学校化罢了。在目前，人们已经注意到了的仅只是前一半；我们现在应该努力的便只在“生活即教育”这一个目标。在工厂里，我们应该使工人们一般地得到读书的机会：在农村中，我们应该使农民们一般地得到读书的机会。

再就目前可能性多一点的说：应该是一切店员、学徒们起来，争取读书的机会；使他们的商店学校化，使他们的生话读书化。

六、读书漫谈

读文法书

陈望道

读文法书目的在乎知道的语言组织，不在记些文法的名头，名头不过是为着说明组织的方便设立。比如要说明“我在上海”这一句话的组织，才不得不用几个名头来分别“我”是什么一类语言分子，“在”又是什么一类，“上海”又是什么一类。这才要说“我”是代名词，“在”是动词，“上海”是名词或说“我”是主词，“在”是述词，“上海”是补词。这类名头是越用得少越好，少到没有自然更加好，然而那是做不到的。但是改掉一些好像名头越多越好的风气却不见得一定做不到。可惜现在似乎还没有人肯向那边走。读文法书都是挑了一担的名头，还捞不到半担的组织，这在青年可说是一种冤枉的负担。这种担子不知要挑到什么时候才可歇肩。

现在的文法书，多是传统因袭的气味极重的。这种气味不除，恐怕不会有减轻负担的希望。譬如开头一个语言分子的分部（这可以简称作“语部”，普通却叫做“词类”，就给你一个名头），就可以在古书上找到它的渊源。现在却差不多当作天经地义。在中国的文法书里差不多谁都分作九部，几乎谁都没有异议。像黎锦熙先生那样的文法专家，讲文法时还要开口“逻辑”，闭口“逻辑”，用那“形式逻辑”来坚固读者的信用。倘说“逻辑”，这“语部”（就是“词类”）便该推翻，这语部便是根据什么“逻辑”分成的呢？

姑且调查调查他们所根据的分类原则看：

（1）名词——“是事物的名称”。——这是根据概念内容，就是语的意义分的。

（2）代名词——“是代替一词的”。——这是根据语的功用分的。

（3）动词——“是用来叙述事物之动作或功用的”。——这是根据语的意义分的。

（4）形容词——“是用来区别事物之形态、性质、数量、地位的，所以必附加于名词之上”。——这是根据对于名词的关系分的。

（5）副词——“是就事物的动作、形态、性质等，再加以区别或限制的；所以必附加于动词、形容词，或旁的副词等”。——这又是根据对于动词等的关系分的。

（6）介词——“是用来介绍名词或代名词到动词或述说的形容词上去，以表示他们的时间、地位、方法原因种种关系的”。——这是根据功用或位置分的（如说“前置词”便完全是根据位置分的）。

（7）连词——“是用来连结词和词、句和句、节和节，以表示它们互相联络的关系的”。——这是根据功用分的。

（8）助词——“是用来帮助词和语句，以表示说话时的神情、态度的”。——这也是根据功用分的。

（9）叹词——“是用来表示说话时的一种表情的声音。常独立，不必附属于语和语句；以传声为主，本身也没有什么意义”。——这是根据意义，或位置分的（日本人叫作“间投词”就完全是根据位置分的）。

总计九个分部，分的标准是有下列四个：

（1）语的意义；

（2）语在关联上的作用；

（3）一语对于旁的语部的关系；

（4）语在句中的位置。

这跟“形式逻辑”一种分类必须用一个标准的规例就不合。这在他们那里还可以说是“逻辑的”吗？实际这种地方并不是“逻辑”在说话，只是外国的传统在说话。文法上的所谓九部实际也同中国书籍上的所谓“四部”一样都是传统的分类。

中国现在流行的文法书，除了这类外国传统之外，似乎还夹上些中国的传统。这种传统的输入文法，不能不说是马建忠先生作孽的。他着了部《文通》，专讲古文的文法，许多分类也都照着古文分。这就范围了以后的人（连“刊误”的人也在内）不敢跳出他画的白粉圈一步。许多地方都隐隐用古文的眼光来解释现代语。这于古文可说是有功的；但于现代语，却要说是有过的。有的地方，古文里要那样分，不见得现代语里就要那样分。譬如古文里《左传》昭公三十年“公在干侯”。

这里要用“在”；《左传》昭公二十九年“公至自干侯居于郓”，这里要用“于”，“在”“于”有分别，所以要把“在”算动词，“于”算介词；若在现代语，“我在上海”也用“在”，“我住在上海”也用“在”。而且两个“在”字性质并没有怎么样的不同，为什么也要说“我在上海”的“在”是动词，“我住在上海”的“在”是介词呢？这样的解法，就会在一小段的说话或文章里，对于同一的语头也要说成了不同的词类，忽而那样，忽而那样，弄得说的人头昏，听的人也头昏的。譬如说这样几句话：“有一天我走过四川路桥。过桥的时候，……”照现在的文法书说起来就要说“走过”的“过”是介词，“过桥”的“过”是动词，这还不是拿人家的脑子来跑马寻开心？

我想请求一切文法专家多加一点勇气，摆脱一点传统，把中国的文法书来改造一番。这是减轻青年文法负担的一件极紧要的工作。与其摆架子说青年人文章不好，不如先把自己的文法书编编好。倘能倒转来，用现代语去解释古文那自然更有味，譬如对于“食之无味，弃之可惜”说就是“吃着无味，弃了可惜”，“之”在这里等于“着”，等于“了”，对于“言之痛心”，也就是“说来痛心”，“之”在这里又等于“来”，对于“言之成理”，也就是“说得有理”或“说得成理”，“之”在这里又等于“得”。这样就是古文，也会变成比较容易懂的东西。大家何不试试看，倒转来做出一部书来呢。

我知道这种书，专家里头并不是没有人会做。只是没有人肯打破传统来根本改造文法，就是没有勇气，恐怕弄得吃力不讨好。我朋友里面，就有人是这样的。我在这里算是正式提出了一个请求。

读书和年龄

伯　韩

有许多朋友，因为家境贫寒，在所谓学龄的期间，没有享受学校的教育，到了年龄大了的时候，忽然感觉到读书的必要，但是又不去真的拿起书来读。平常和他们谈起来，他们总是叹口气道："可惜年纪大了啊！读了也不记得，生活又忙，怎么能够读出一点结果来?"当初听了他们的话，我只是凭着自己的直感，拿此话来鼓励他们。我说："你以为年纪大了就不能读书吗？私塾教科书《三字经》早告诉了我们：苏老泉是二十七岁方才发愤读书的，他后来成为宋朝时候的有名作家了。商务印书馆很早的时候出版过一本书，叫做《自助论》，是从英文翻译过来的，那里面举了许多的例子，证明成年人学习的成功，其中有好几个学者都是到了四五十岁方才学习外国文。前几年，某几种中学国文教科书都选过一篇一个《四十二岁的老留学生》（原题记不清楚，大意是这样），那位老留学生自述他的学习法国语，是如何的用苦功，终于战胜了他的困难。由于这些例证，我可以肯定的说：只要你下决心读书，你一定可以得到一点收获，年纪的大小并没有多大关系。"我的意思，只是以为应当用热诚来克服成年人读书的困难，然而，成年人读书比较儿童困难这一种道理，我也是默认了。

后来，我因为作了两年成人教育的试验，对于成年人教育的可能性，有进一步的认识，我知道成年人比较儿童有两个强点：第一个是他们学习的自觉心和自动性；第二是他们的理解力。本来无论儿童或成人，凡是成功的学习，一定是从需要出发，如果不觉得有迫切的需要，那种学习便会枯燥无味，虽然被家庭和学校一时的限制或压迫弄得勉强敷衍了一顿也不会有什么好结果的。成年人因为生活经验比较小孩子丰富，所以感觉到知识的用处。他们在生活奋斗中时常遇着有需要增加知识的场合，因此就热烈地要求学习。学校中许多功课，在儿童期的实[1]生活中并没有迫切的需要，不过作为未来的成人期之准备的修养而已，所以不能引起学生们学习的自觉心和自动性。然而，成年人便都是在需要时学习，所以特别努力，而进步也快。

至于理解力，虽然儿童期也是有的，但是比起成年人来是薄弱得多。有许多道理在儿童是很难懂的，但是对于成人则非常容易了解。特别是社会科学，这种对于儿童是过于复杂而模糊的东西，对于成年人并不是怎样艰深的。

近来我读了美国桑戴克的《成人的教育》，更坚定了我的信念：成年人学习的能力并不"退班"。桑戴克是以科学的方法来研究成人教育，他做了许多的测验和统计，结果证明了四五十岁的成年人，学习能力都不弱于儿童。平常总以为成人的理解力虽然较强，记忆力是一点没有了，但据实验的结果，成人的记忆力虽然比较记忆力最强的时期是弱些，但是和很幼的儿童比较，并不弱。所以桑戴克主张把儿童期课程的一部分移到成年期在有需要时学习，而把实际的生产工作加到儿童期去。这样，既然符合学习从需要出发的原则，又能将工作和学

[1] 疑丢"际"。——编者注

习联系起来，的确是一种新的教育制度，不过要能够充分做到，恐白非在那种学校和工厂可以在整个计划之下连成一气的环境之中不行吧。这个且不多谈。现在要说一说一般人对于成年人学习的错误认识。

这是我在前面已经提起过的：他们说成年人记忆力薄弱，进步必然很慢。其实成年人的记忆力减退不多，而理解力则大有增进，进步是很快的；只因为成年人太心急，恨不得把一个月的学习材料在一天之内学完，所以便觉得自己的进步太慢了。他们又说没有时间学习，要像学校一样整天地学习，才可以获得一点结果。其实学生在学校中被动的松懈的学习，耗费了长时间也不见得有多大的心得，倒不如工作忙迫者在工余的时间的学习，因为是自动的紧张的，实际的效果大。当然，我们不能否认工作的时间过多，以致缺乏教育上所需要的时间和精力这一事实。我们只有一方面争取这种时间制——三八制，另方面不轻视工作余时学习的可能性及其价值，才可以解决我们的求知问题。

我们要相信读书不只是孩子们的事，任何成年人都应当求知识。即使受过学校教育的人，在学术一天天进步的过程中他如果不继续地求知识，也会要赶不上时代了。所以没有读过书的成年人应当开始读，读过的应当继续读。但是并不要荒废了事业去读书，应当使工读平行地进展。

学自然科学的人为什么要读哲学书

葛　乔

譬如你是个学自然科学的人，你每天都在研究数学、物理，有时还忙着到实验室或工厂里去实习，你对你脑中所记的数学方程式，或在实验室里的实验报告，当然是很感兴趣的。这时，倘若我劝你去读几本哲学书，我想你不但会不高兴，恐怕还要讨厌我咧！

当然啰！你不高兴并不是没有理由的。因为在你看来，哲学和你所学的自然科学既无甚么关系，而且甚么“主观”“客观”“偶然”“必然”等哲学上的名词，对于你实验室里的实习又无一点帮助，与其多费时间去看哲学书，倒不如多演几道数学题好些。

其实，你底这种想法，根本上是不正确的。首先我要告诉你，在哲学和自然科学之间，绝不如你想象的有一个鸿沟存在，他们两者还有深刻的关系。你若不真正研究自然科学则已，你若要真正的研究自然科学，则你随处都会碰着哲学难题的。

你们天天在研究自然科学，无论你平常研究的是物理、化学也好，植物、动物也好，但你们所研究的总是我们以外的自然界。自然界是个广泛的宇宙，就是我们人类也是自然界之一部份。我们既是天天在研究自然界，时时在研究自然界，那么，我们所研究的自然界究竟是一个甚么东西呢？有人说自然界是物质所构成的，有人说自然界的本质是精神，有人说自然界是上帝创造给我们的，又有人说自然界是自然生长起来的。对于这些问题，我们将如何加以解决呢？我们要解决这些问题，势必要综合各种科学的成果，来组织出一个统一的宇宙观。这个工作，却正是哲学的。所以，我们要了解我们自然界是个甚么东西，我们非了解哲学不可。

此外，我们知道，自然界是不断地在变动的，一会儿是白天，一会儿是夜晚，一会儿风吹，一会儿雷鸣，有些地方水在流，有些地方犬在吠。举凡自然界的一切现象，都是不断在活动着的。这种复杂的现象我们倘若骤看起来似乎是毫无头绪，其实，若仔细的加以研究，我们就可发现他们中间是有一定的因果关系和变化法则的。自然科学也就是人类发现自然界中一切因果关系和变化法则的学问。

但是自然界之一切因果关系和变化法则，虽存在于我们之外的自然界，但它必须经过我们人类头脑的认识，才能成为一种知识。例如：一根二尺长的铁条我们放在火中去烧，烧到几十分钟后，它就膨胀成二尺二寸了，它这种现象是一种自然现象，这现象要经过我们头脑的认识，我们然后才能理解它是热则膨胀的东西，我们才能由此以组成我们的知识。你想：倘若只有客观现象，而无我们脑筋的认识，我们还会有知识存在吗？

在这里，问题便来了。有人问你，我们所得的自然界的知识究竟是不是自然界的真实现象？他与我们以外的客观自然界有何关系？我们对于客观自然界的认识是否可能？我们看见铁条受热膨胀，他是真的膨胀吗？像这些问题简直是你研究自然科学中非了解不可的问题，你若不了解这些问题，则你自然科学的研究便不能前进一步。

你是否需要理解这些问题呢？我想：你当然是需要理解的。不过，研究这些问题，理解这些问题的学问，不是别的，却正是哲学。此外，你知道，你们学自然科学还有许多方法的。你们要观察，要分析，要从许多事实中归纳原理，又要用原理去演绎事实，你们只要学过论理学或科学方法论，你们便会知道的。方法正是研究科学的武器，不过，你们过去所知道的大都限于演绎法与归纳法。这两种方法是旧的方法，在科学极端发展的二十世纪，已经是不够用了。现在，在科学之新的发展中又提供了一种新的方法，即唯物辩证法。过去的许多科学家因为限于旧的方法之内，不能解决自然科学新的发展中底许多问题，因之，使自然科学感到了方法论的恐慌。现在，研究自然科学的人正应努力地把握着这一方法，以领导自然科学之发展。例如中国也有翻译的《自然科学新论》一书，正是他们研究的成果。这个方法要从甚么地方去把握呢？当然要从哲学中去把握。

因此，你可以明白：你在研究自然科学当中，你若要了解自然学之本质，要了解我们认识与自然界底关系，并要取得解决自然科学问题之新的武器，事实上非研究哲学不可！否则，你便不能在自然科学研究中有深刻而正确的进步，你即或学了二三十年的自然科学，顶多，你也不过变成了机械与技术的奴隶而已。

写作之部

一、写作方法

致青年创作者

夏子美

诸君：我与你们相识已经半年了。在这半年中，我非常地感激你们，因为你们的努力、你们的热情常常使我不能不提醒自己，鞭策自己。我从你们那里实在得了不少的快慰。

本刊刚发刊的时候，曾有朋友对于“创作指导”发生怀疑，以为未免太狂妄了。这是当然的，我们既不是什么“家”，也没有什么“名著”问世，怎么配得上去指导别人。不过，我们那时有一个信念：相信这样一定更能激起大家对于文学的要求，使大家更有发展自己天才的机会，于是我们也就硬着头皮狂妄地干下去了。

果然，几个月的成绩，终于把我们这一信念证实了，不仅量的方面，团集在读书生活周围的青年文学者，已一天一天地飞跃增加，稿子一篇一篇地从社会的各个角落里飞来，余下可用的稿子，已集成了一本十余万字的特辑；即质的方面，也大有进步。这用不着我们“吹牛”，已有茅盾先生在本刊第九期替我们指出来了。

这一点成绩，全是你们大家造成的。

我不是存心对你们说客气话，我们之间是用不着客气的。对于你们，我只有自愧。虽然在每篇作品的后面，我都板起脸孔地加上几句按语，虽然单那几句按语，我已受尽了折磨，绞尽了脑汁，虽然那里面，也许还包含有我一点自己的实际经验，包含有一点正确的方法，然而是非常不够的。我自己明白：我没有做到我所应该做的工作的十分之一，我并不能满足你们的最低限度的欲望。

指导的任务，实际上只有社会才负得起，但推动的，却是你们自己。

你们的努力，在什么“家”看来，也许要笑掉牙齿，以为你们是在“架云梯取月”，妄想成文学家；何况，文学足以祸国，已有明训，即使都成了“家”，也不过多种下一点祸国的种子。这自然有他们的理由。然而，在我们却是另有一种看法的。

我们提高大家的文学兴趣，是完全根据你们的实际要求，你们的要求，却又是从你们的实生活出发的。你们生活在苦闷的时代里，你们需要安慰，也需要刺激；你们希望取得别人的同情，也希望对于别人能够了解。于是，你们选取了文学。如果进一步说，这是社会的要求，这有什么人能强迫，能阻止呢？

我们是丝毫没有要大家去做作家的希望的，你们也一定不曾这样希望着。但我们应该相信：作家固不是人人可以做的，却是从许许多多的非作家的努力中产生出来的。文学的发展，不是几个作家的力量所推动，而是许许多多非作家的力量所推动。文学是人类思想活动最活跃的一种形式，最与社会相呼应的一种形式，那末，作为一个社会人，借这形式来表现自己的一点活力，也就成为很自然的事了。

因为这样，你们的作品，虽然并不是什么“杰作”，甚至在写作技巧上，表现出很幼稚，依然进到了应该进到的阶段。你们一点用不着脸红。

你们说出了自己所能说，所应该说的话。你们付给了作品以自己的生命力，从作品内完全反映出你们的生活，和你们观察社会现象得来的实感。真切代替了空泛，朴素代替了粉饰，单是这一点，就比许多“死抱住死人不放”的所谓成名作家的作品充实得多了。

诸君：你们是不是也有这样的自信呢？也许没有。一个初学的人，往往很少自信力的。有时会过份地抬高自己，有时又会过份地看轻自己。这都要不得。你们应该有最低限度的自信力，这样的自信，可说是使我们努力的推动机。

我常常听到有人问：“怎样去丰富生活呢？”“拿什么题材写呢？”这些问题，诚然是很重要的问题，但在你们，是并不那样迫切的。生活，并不是什么神秘的东西，所不同于普通的所谓生活，只在文学生活，是比较积极的，是比较更有普遍性的，是站在社会的尖端的。以前的文学，是从“个人”出发，以前的文学者，是要关在书房里，要两耳不闻窗外事，过的是极端个人的单调生活。所以提出丰富生活，体验生活方法，在使文学能从个人情调下解放来。这是文学发展的一种历史的必然趋势。从个人到大众，而这大众，却正是指着你们而说的。你们多数是店员学徒、流浪人、劳动者，你们的生活，就是最有普遍性，站在社会尖端的生活，只要你们不是有意把自己的生活孤立起来，你们认清自己的生活是包含在社会生活里面，使自己的活动，成为社会活动的核心，那末，就可以说，你们是有丰富生活的，对于生活是有深切体验的。有人说：有了丰富的生活，也不一定能够写出好作品。这自然不错。但反过来，能够写出好作品来，一定要有丰富的生活，这是一点；另外，有了丰富生活而不能写出好作品，其实还是因为他对于自己的生活没有深切的认识，不曾细细的体验，所以他虽然是大众队伍中的一个，他的生活却是孤立的，表面的。诸君：你们试问问自己，你们是否也是这样呢？自然不是的。你们对于生活都有着积极的严肃的态度，这从你们的作品就可以看出。因此，你们用不着过分担心这些的。创作的题材，便是你们熟知的生活，以及围绕着你们周遭的形形色色，没有这点自信，那你们就只有陷于空想，无从下笔了。

自信要有的；然而，这却不能以为是随手拈来，都成“杰作”。这里还需要选炼，谢谢茅盾先生，他就指出了你们在人物描写上失败的原因（载本刊第九期），他说：

一位青年作家，应该首先努力注意他的人物描写，说得具体些，就是他必须等待他想象中的“人物”成熟为立体的活生生的人，——一个真的人……千万不要脑中只有一个模糊的影子就提笔！

对于“故事”的结构，他也是这样告诉我们：必须等待那想象中的“故事”成熟为一个整体，然后拈出那焦点来写。这都是很宝贵的意见。在你们的创作过程上，这实在是最成为问题的一点。你们的生活是丰富的，你们有写不完的题材，但是你们往往不能把握住生活的核心，即是你们不能从形形色色的现象中看出本质的特征来，你们也就不能使想象中的“人物”或“故事”具象化。这不单是技巧问题，同时是题材选炼问题。你们常常感到没有什么可写，也大半要归到这样的原因。

要怎样才能使作品中的“人物”成为“活生生的”，使“故事”成为“整体”呢？这问题如果发展下去，是包含得很广的，可以说是整个创作方法问题。第一是对于你们自己的生活的再认识。前面曾说到，你们虽站在社会的尖端，但如果是随便的活着，看不清自己的生活的重要性，看不清自己的生活与整个社会的关联，尤其看不清生活的核心是什么，那你对于一切，自然只会有一个模糊的影子，只会感到空洞，感到不实在，结果，不是没有什么可写，便是随便乱写。诸君：我请求你们，必须以你们的努力赶快把这缺陷补正过来。你们应该时刻检阅你们的生活，即使很小的事也不要放松；一定要从偶然中看出它的一般性，从平凡中看出它的特殊性。再拿事实来证明，比如，你是一个学徒，因为做“错”了事，被老板打了几个耳光，这看来是很偶然的平凡的事，但如果你能从学徒跟老板的关系上进一步想一想，把你日常生活当成整体看，那你一定看出这不是偶然的，平凡的；老板打你的耳光，并不专是因为你偶然做错了事，而是一般的老板的特殊权利，于是，对于这事件，就必然可得到一个更具体更明确的概念。倘是写成作品，也就必然不是一些浮动的模糊的影子。要作品中的“人物”或“故事”不模糊，首先要对于生活的认识和印象不模糊，这大约是谁也不能否认的吧。

第二，必须对于周围的环境作普遍的观察。我们常常要求作品中的典型事件、典型人物的产生，什么才是“典型的”呢？这决不是作者所能幻想出来的，也不是从一种单纯的事件或人物影印出来的。这里需要多方面的观察；从多方面的观察中，才能凝结成为典型的事件或人物。比如，你把你的老板作为作品中的主人翁，你不能只是把你老板那付尊容和性格描绘出来就完事，这样的描写，无论怎样的一模一样，也不能算是真实的人物，或是典型的人物的，给予读者的印象也就自然不能深切。你必须由你自己的老板观察到许许多多的老板；从这许多老板中，观察他们生活和性格上的一般性，然后溶合铸成作品中的人物，这才可以成为活生生的典型人物。

这是我对于茅盾先生的意见所要引伸的一点，也就是你们在写作方法上所最感到困难的一点。其它，关于结构、剪裁，等等，茅盾先生早已对你们说得很清楚了。

诸君：我的话，已啰苏得够了。我所以要这样啰苏的原因，我也想在这里顺便说一下。一是关于本刊整个编辑方面的：本刊从这一期起，编辑上略有改变，主要是关于青年创作这一栏，以后不再在每篇后面下按语，只在每月来一个总评。这样一来，在事实上可以免得许多困难，在你们大约也不致有什么损失。一是关于我个人的，我因为职业关系，从这期起，不能不脱离本刊编辑事务，虽然我还是想尽可能在本刊和诸君见面，但毕竟不会有这样的密切。我和诸君精神上的结合，可以说超过一切“泛泛之交”的朋友，我对于文学是外行，我很自愧常常在诸君的面前东扯西扯，然而能够有机会和诸君站在一道努力却不能不算幸运。这样别离的惆怅，便使我情不自禁地胡诌了一大堆。

诸君，敬爱的朋友们；别了最后的一句话，希望你们能继续从实际生活和创作的努力中去学习一切！

一九三五，四，二九

写些什么？怎样的写？

尹　庚

说到自己开始创作的情形，就是想些什么，就写些什么，笔一捉上手就会嚓……写下去的。既不知道应该写些什么，也不知道应该怎样的写。一句话，就是不知道创作方法。

做任何事情，都有方法。创作也有方法。能够首先知道方法，然后动手，才不至于浪费精力，可以得到较好的成绩。

开始创作的时候，简直只是一个子的瞎搅了一泡。许久许久以后方才明白自己总是搅不好。私下不免越来越懊恼了，终于非去追究一下子创作方法不可了。

创作方法，到底怎么样？不用说必须麻烦一番，并非马上就能够知道的，当初是自己闷在心里的，很费劲的去想，想来想去，可是想不通，因此不得不开口去请教朋友。有的朋友，半斤八两的其实与自己不相上下，唔唔唔的唔了大半天，唔不出什么道理。有的朋友是很来得的，他就波格达诺夫又卢那卡尔斯基的说了一大堆，不过陈义过高，疑问的关节反而带起来不少了，头脑糊里胡涂的，总是弄不清楚当然非弄清楚不可，因此，偷懒不得，只有自己去翻许多书籍。不过，翻是翻了，无奈议论纷纷，意见相差太大，要自己死心塌地的相信谁的正对，与谁的不妥，也不是马上就能够决断的。所谓知识，并非不管破铜烂铁，一齐收来就可以算数，也不是皮球打气一样，很快的就可以打足，必须仔细选择，一点一点猎取来的。

到了后来，总算给自己粗浅地，整理了一个头绪出来。正在自己的启蒙时期，仿佛最先要求知道的通俗理论似的，那是这样的。

自己觉得，是最要紧，是首先的应该明白关于研究文学的根本问题。就是文学是艺术的一种，艺术是社会上层建筑的一种，而社会上层建筑以下的社会基础是经济，社会基础的经济机构，是生产力与生产关系，在一定的生产关系的形式中，生产力一天一天的发展，到了发展至极的时候，生产关系就容受不住，彼此的冲突，越来越是激烈，终于给生产力，冲破旧的生产关系，形成一个新的生产关系。社会基础的经济机构，所以并非怎样刻板的，是逐渐变动的。所谓逐渐变动，是指射突然变动而说。新社会基础的经济机构，是存在于旧社会的经济机构以内，正像女人怀胎一样，胎儿在肚子里逐渐的成熟，终于生了下来，并非突然的有了胎儿，又突然的生下来的。总之，社会基础的经济机构发生变动，就是整个社会发生变动，社会上层建筑的政治、法律、道德、宗教，等等，当然艺术也在内的，都跟着变动了。社会是旧的衰老，死了去，新的成熟，生下来，沿着这样的法则而运动，而进化，而一时代又接替一时代的。所以，文学也是一时代又接替一时代的。要记住文学是属于社会的一种东西，要根据现实的具体的社会去研究、去创作，方才正确，方才进步的。

像是一直从前的时代，是封建社会，是贵族与农奴的生产关系，贵族在政治上，占了支配的地位。在艺术上，也占了支配地位，他们过着尊贵优裕的生活，艺术也就表现了古典主义的特性。后来，封建社会崩溃、没落，资本主义抬头、发展，于是形成资本家与劳动者的生产关系，艺术的古典主义跟着崩溃、没落，浪漫主义就抬头、发展。后来，又有自然主义。后来，又有写实主义。这些各个阶段的艺术，十足的表现了资本主义发展过程之中各个阶段的特性，像我们的现代中国，却是一个半殖民地的半封建的社会，因为受着国际帝国主义的资本的操纵，加之国内封建残余的摧毁，新兴的民族资本已经没有生路，并且同时卷入世界经济恐慌的狂风暴雨当中，于是社会上层建筑的艺术方面，就有古典主义的，也有浪漫主义的，还有自然主义的，更有写实主义的，也还更有唯美主义的、野兽主义的，等等，显得特别混乱，十足的表现了半殖民地的半封建的社会过程的特性。那么怎样好呢？

社会是不断进化着的，这是已经明明白白的。旧社会的支持者，自然固执没落的意识，不管三七二十一的是如何的妨碍社会进化，但是新社会的运动员，却坚持进步的意识，拼命的发挥推动社会进化的行为。因为彼此的立场绝对相反，彼此的人生观绝对不同，所需要的艺术，也绝对各别。因此，从事文学，动手创作，就各有各的目的。有的站在旧社会的支持者的那面，帮忙创作欺骗大众，粉饰事实，缓和反抗情绪等的作品。有的站在新社会的运动员的这面，帮忙创作宣扬真理，要求解放，鼓动斗争等的作品，觉得这是自己应该郑重注意的。

先要确定以上二个问题，就是以社会的眼光去研究文学，和作者应该认清自己的立脚点。这以后，方才可以说到把握创作材料，与如何表现，以及创作态度的话去。

文学现实社会的反映，换一句话说，社会的现实可以在文学上反映出来。因此，人类的思想与感情，即阶级人类的意识形态，与自然以及人类生活的客观的现实，总之，社会万般的现实，都可以作为创作材料。大之包含一个时代，刻画千百万的群众，小之描写一个人物，表现发生在几分钟以内的故事。材料是广泛的，很多的。不过，假如老是住在亭子间里，或闺房里，囿于所见所闻；得来一点浮浅的观察，创作时候不得不平空虚构，那是不对的。到现在，才子佳人，颓废浪漫的脚色，个人主义的作家、专写恋爱的文人，已经幻灭的幻灭，没落的没落，消沉的消沉，假如自己不小心，也像他们似的玩一套吟花弄月，或者写些身边琐事，或者引诱读者去吊膀子与手工泄欲的等作品，纵使技巧巧到十二万分，也是要不得的。作品制造完成了，设法印出去了，可是进步的读者瞧也不瞧一眼，屁也不放一个，那已经无聊之至，有时候太看不过去了，嘲笑就来了，甚至于有的臭骂了一顿，那是太可耻了。所以，只有走往复杂的现实的社会，加入群众活动的场面，要丰富经验，充实生活，方才能够获得最有意义的许多材料。譬如反帝的，反战的，反宗教的，反封建的，等等都是，而且都是最理解的，是熟识的。

材料是不愁了，已经有了，那么可以动手写了。不过，还要且慢，因为材料复杂，其中有的是正得用的，其中也有的是这里应该放开的。应该从复杂材料中挑选最主要的，最普遍的，最典型的。挑选出来的人物，无论关于他的生活、习惯、性格、思想、举动、说话，都须再用心的想想透澈。挑选出来的故事，经过分析、概括、编排，打算怎样的开头，可以拐几个弯，到那里就宜结束，都须再用心的想想妥当。于是，可以动手打第一番草稿了，说打第一番草稿，这意思是不妨再打第二番、第三番的草稿。

先照顾到整篇的大局下笔了，接着再局部的加工描写，应该多改几遍。试问自己，中心意识已经表出没有？没有，设法使之表出。如果发觉可以省略去的，自然不要肉痛的给它删除。那里是写得不够足的话，要认真的与以相当补充。如有什么疎阔牵强的地方，就改得绵密自然一些，不要怕麻烦，怕麻烦还是不干，而况现在正是没有纯熟技巧的基本练习的时候。

而最后，还要费神的，那是文字上的工夫了。文字是千变万化的，自己可以煅炼一种很出色的。但是觉得写的噜苏、软弱、浮华、呆板、陈旧、晦涩，那不好。能够写得简洁、有力、朴素、生动、明快、通俗才好。每一个字，每一句话，要估量到如何才能够打动读者的心坎，训练群众的意志，组织他们的感情！

似乎一篇创作的效用是怎样的？现在大约已经明白了。一个进步的作家的路向是怎样的？大约也已经明白了。

方才是自己创作的开始了。从此以后，必须再接再厉，克苦努力，要多写，要将文字运用得非常灵便，要多读名著，以批判的眼光从文学遗产中学习一些好处。创作并非轻巧的事业，不能够性急。看看中国多少作者，却似乎是很性急的，大致二十二三岁就出了名，二十四五岁就不中用，看到他忽然很有锐气的抖起来的，也看到他一回儿就软搭搭的写下去的。越老越有劲的作家，有是有，太少了。也许因为先天不足，后天失调，急于小小的成就，不谋负重致远的缘故。吊儿郎当，那里有好结果？非严肃从事不可。

一种最新型式的作品

尹　庚

“你正在为着谁写作？”

不知道怎样的，就干起来了。在以前，这样的问题，不仅不能够确确实实的回答，简直想也不会马马虎虎的想到。

“生活环境，对于写作，非常的有关。”

……在纤巧的生活环境里面，不能够产生魄力雄大的作品；在粗糙的生活环境里面，也就宜于写些不细腻的东西。如果是关起门来写的，门里可以写的，写完了，只有写到隔壁的去吧，这已经是不大能够发笑的笑话。不过，在以前，这样的问题，不仅不大清楚，简直有些胡涂。

这样的问题，又这样的问题，问题实在多。不打算赶快的解决，那不是道理。

于是乎，我就注意到我的写作，到底为了谁？于是乎，我就注意到我的生活环境，曾经住过那样的地方。

那样的地方，摊在都会与农村的骑缝线上。我每天早上出门，迎头碰见的，是喷着黑烟的烟囱，是无数卑屈劳苦的工人。我每天傍晚回家，迎头碰见的，是冒着土气的田地，是无数劳苦功高的农人。我就与他们，络续的熟识，互相的来往，混在一淘生活。

我就此企图理解他们的生活，观察他们的行为，学会他们的说话。我一方面，为着他们的迫切需要，帮助他们明白一些问题，介绍许多新兴的文学作品，并且教他们读书写字。我与他们取得极好的联络，彼此互相的教着学着。近几年来，已经有许多朋友，是这样做的。

我有了一个新的生活环境了。我打算与我接触的人群，作为自己的基本读者，倒转来说，就是我将为他们写作。在以前，我如一般的文学青年一样，总设法把文章向大杂志去送，一登出来，觉得有了无上的光荣，想成名，想做什么作家。但是在以后，我计划用石印印出自己的东西，印得旧小说那样的，能够很便宜的卖给我的基本读者。他们要是读了欢喜，我方才高兴得跳了，觉得有无上的安慰。

对于自己的基本读者，他们以前的中心读物，是些什么东西？这是不得不检查一番的。正如许多朋友说的，的确全是《封神榜》《西游记》《薛仁贵征东》《乾隆皇帝游江南》……还有《施公案》《七剑十三侠》《儿女英雄传》……还有《八美图》《孟姜女》《玉蜻蜓》……这么的一套烂东西！接到手头一翻，忍不住皱了眉头，就别的一下把它丢开。

差不多谁都明白吧，他们虽然陷在顶顶坏的命运里面，然而他们还是人，他们与任何人同等的，也需要享受艺术，任何人都要唱唱歌，听听故事，高兴大量获得精神的粮食。总之，正如男人女人，满高兴有机会抱住了，拼命的去困困一样的，任何人都需要的！不过，事实上，艺术老早成为少数人所浪费的奢侈品了，而分配到目下他们这样广大的人群的，是一塌糊涂的东西！

在他们的人群中间，一向流行着的小说、演义、传奇、歌曲……充分含蓄着低级的趣味，与封建的情绪，以及资产阶级的意念。这些影响到他们的处世态度，与对于现实社会的认识。所谓玉皇大帝、如来佛、阎罗王、真命天子、青天大老爷、剑仙侠客、风流子弟、名教礼义，发挥着威吓、欺骗、蒙蔽、迷惑、麻醉、不要想、不要讲、不要动的效力，教他们一切要听凭命运的处置，仿佛一把揪住他们的脑袋，肚子里正骂道："不做奴隶，就吃生活。"而嘴巴上却褒奖他们道："务必服从，做一个安分守己的顺民!"……

这是不是太岂有此理？是不是应该帮助他们解放出来？答案是说也不用说的。

为的想替换他们的烂东西，我为他们，就先找到许多新鲜有益的东西。而具体的问题，就此卜得卜得打进了我的脑袋。

当我找到许多东西了，分别交给他们去了，于是乎，有的这样说了：

"哦，太长了，要好几年方才读得完!"

不错，的确太长了。他们在工厂里面，或者在田地上，整天的做事情，他们没有多大的空闲；要是短短的东西，给他们去读，方才适宜的。我不得不给他们，就再找许多短短的东西。不过，这就是困难。而另外，又有的这样说了：

"哦，简直是天书，一开头就不懂!"

不错，的确太难懂了。他们都没有钱，学问贩卖制度的现在，与学问贩卖的商人，要见面交易，谈何容易。他们没有整千整百的大洋，就没有缘分去进中学、大学。他们辛辛苦苦的，忙忙碌碌的，已经疲乏了，而还偷空的，有心想要读书写字，十分难得了。他们读不懂的，硬要他们读，那是混账的，因此，我不得不给他们，就再找许多读得懂的东西。不过，这就是我的更加为难。而另外，又有的这样说了：

"哦，没有味道!"

没有味道？是什么缘故？我不得不仔细考究考究了。考究以后，觉得大略的是这样——在许多年以前，我们中国有了文学革命，以后又有了革命文学。革命虽是革命的，可是都没有做好。当初，把文言打倒，把白话提倡。但是，以后白话没有积极的进步，变成新式文言了。同时候，因为赶时髦，一大半弄得洋里洋腔，变成外国八股了。形式已经拉拉扯扯的不三不四，加之，忽视内容上的腐败的争斗，结果变成小白脸的手艺品了。而革命的，又只能够说是小资产阶级的智识份子，为自己同样的小资产阶级的智识份子写作而已。并没有为他们写作。作品上故事，与他们没有切身的关系，里面所有的情绪，不是恰巧能够激动他们的情绪的，这在他们无论如何是不对劲的。要他们读得有味道，实在也不能够。我自然不得不给他们，就再找许多读得有味道的东西。不过，这就是我的更加为难！

不论怎样的为难，如果不为下来，那不甘心。我给他们找了许多许多书，大约十有八九，都不妥当，我有时候找得十分生气。生气的对象，是出版家，与作者。差不多全部的作品，形式上的失败，作者简直不曾注意到应该设法挽救，内容方面，也没有存心是为他们写作的。有些作品，虽然很有意义，并且有些作品，吃吃力力从外国翻译过来，虽然的确伟大，但是结构复杂，笔法又怪又长，表现内容的符号，就极不良善了。还有，书出版了，陈列在漂亮的书店里面，他们一向没有机会去跑漂亮的书店，偶然的给什么风吹了他们跑去了，可是一看卖价，太贵，要买也买不起。……经济上、时间上、精力上、程度上，他们都难有接触新兴文学的机会，就使帮助他们找到许多，吃力不讨好，是不用说的。因为实在不甘心，我就硬干，不可惜再费我的心血。我本来与自己抱了同样热忱的朋友有了约，规定了与以前不同的目标，把生活环境另外造成一个局面，再重头的开始写作。明白了以上种种为难，倒也就是明白了重新开始写作的指示。同时候受了他们许多基本读书的鼓励、帮助，终于自己跟有了约的朋友，开始写作了。这样的我就尝试起来了，尝试曾经常常的失败，不过，失败是成功的教训，我不羞怯我的尝试，这样的我就尝试下去了。

我记起他们中间的一个要好朋友来了。他的名字，叫林广，我最感谢他的鼓励，帮助。他十四岁，漂流到美洲去，二十四岁，漂流到亚洲来。他差不多的苦头都吃过，他不但没有给苦头苦坏，反而把自己煅炼好了。他是他们的英雄，他是他们的一面旗子。他有一肚子的话，他说得非常有趣，他一开口，大家马上会竖起耳朵来，都欢喜听他说些什么，而且听了一刻，多会面色通红了。我就从他那里，选取写作的材料。这么一家伙，我写过四十多篇。有一次，给好几个杂志的编辑先生看到了，说是简直没有人是曾经这样写过，以为是一种最新型式的作品。我第一次就抄了十篇，稍后决定抽了三篇，送他们发表去了。不过，第二次已经抄得差不多的十篇，竟与还没有抄的二十多篇，一搭刮子丢失了。当我送林广到太平洋捕鱼去了以后，我意外的有了急事，忽促得连到住处去转一转的方便也没有，一径到另外的地方去了。耽搁了年把，一直几个月以前，方才重又回来，可是以前所有的东西，都给别人拿去了，三十几篇文章自然也找不到了。虽然是粗制的，然而并不是滥造的，没有保留下来，仿佛有点可惜。不过，并不厉害的可惜，基本练习的作品，无啥可惜呢，仿佛可贵的经验，却保留在我的记忆里面呢。我以后，知道自己写作的时候，应该怎样的选取材料。选取怎样的材料？大略可以说，是他们常常想到的，他们想不清楚的，或者想错了的。是他们常常要说的，他们说不清楚的，或者说错了的。是与他们的憎爱，打成一片的，是与他们的利害，有密切关系的。是把他们与社会连结住的，是把他们与同样的人群的意志感情交织在一道的。不论认识、感想、希望、要求、悲忿、恨仇、痛苦、快活，是他们同样的人群正想告诉他们的，亦是他们正想告诉同样的人群的。是前进的意识，是火一样的感情。……

要与他们共同生活，方才能够了解他们，要了解他们，方才明白他们需要的文学！

要写得短，这不用说了，字数每篇最多五千。一向任性的写惯了，一写起码一二万字，现在要写得短，似乎有些不痛快，不过，在作者以为写得痛快的话，读的人却不痛快了。自己正在为着谁写作？是不是写了就完了？是不是写给别人去读的？是不是读的人们非常多？总之，不要拒绝他们这样的基本读书，写得愈短愈好。不是必要的写景、抒情、穿插，都不必写。平常慢调斯理地，或者滔滔不止地，要说三十句四十句话，现在就只能够爽爽气气地，捷直了当地，用三句四句话就说开，写法尽量的经济。固然写得不能够再少了，但是要写得多一点也大可不必了。

句子要写得清清楚楚，容易读得懂，像是一串明亮亮的水晶，一下送到他们的眼前一样。文言，当然打倒。不言不白，也绝对排斥。白话不要太洋化。卖弄才学，用古怪字眼，自命风雅，故意铺张辞藻，都是不屑的。用字主张有限制，至多用千把字，教他们认得千把字，就可以读自己的作品。我曾经看到有些知名作家，很骄傲自己用的字，要比别的作家多。以为莎士比亚所用的字，有一万二千个，普希金所用的字有一万个，莫利哀所用的字，有七千个，因此竟会翻字典去，勉强挑出字来硬用了。用得多，很高明啊，不过正为文化水平没有相当提高的他们写作，是不能够赞成的。而字汇与语汇，必须分别清楚，为的传达复杂的感情，语汇是愈多愈好的。……（那时候，是前年了，所以能够有的主意，并不澈底。我几个月以前，方才重又回来，方才知道提出大众语来了。所以，现在觉得要澈底，赞成用大众语写，而且赞成写法拉丁化！敬爱的朋友，假如你看到这里，不知道大众语是怎样的，也不明白写法拉丁化是怎样化法的，请看一看《语文论战的现阶段》去吧。我不及在这里多说，为的比较明白一点，不至于弄错了，我可以告诉你，这本书的编著者是文逸先生，出版者是天马书店，定价七毛钱）

全篇文章的意义，也要写得越明白越好。一般的作品，向来是讲究含蓄、阴喻、暗示、纯客观的描写，作品的主旨在那里？为什么这样？为什么那样？作者多避免直接表示意见。但是，不要忘记正在为着谁写作！可以大胆的打破任何旧有的条什，不妨完全不管什么文学派别所规定下来的传统形式。应该插入一点议论的，要解释几句，非指示一下不妥的，如果加以说明是更好的，只要估量他们读到能够更加明白、确定、着实，不至于感到枯燥、乏味、噜苏，都可以。无须卖关子，用不到兜圈子。我觉得这样并非不艺术，而是把艺术扩大普遍，会在艺术范围以内，开拓了一个新的视野出来。

我是大略记住以上的几点，注意着写作的。当初的理论与行为，实在不容易一致，就是现在也不容易一致，但是，学下去，渐渐儿来，终有一天会一致的吧。暂且不管这些，总之我写了一篇，又写了一篇。每篇作品脱稿了，就分送他们读去了。我随时考验自己的。对作为也是批评家的每个读者，我都要请问请问的。

“你一句一句读得懂吗?”

有不懂的，我马上修改。

“你全篇的意思很明白吗?”

有些不明白的，我马上修改。

“你对于这个那个，这样那样，什什什什吗?”

什什什什有些什什什什，我马上修改。

最后我方才问道：

“你读了还有味道吗?”

如果回说，有味道！这可把我乐疯了！如果说，没有味道，我失败了，原因是在那里一定要严厉的查办，能够挽救的，我竭力挽救，不能够挽救的，我撕去拉倒了。

我以前，曾经写过散文，写过诗歌，写过小说，并且还想写童话，写戏剧。可是不及别人的多才多艺，一样也弄不好，以后却只打算这样的专门弄一样试试看。我把写作的标准，规定如此如此。

青年文学者的座右铭

陈颉录

一，不要写现实中偶然的东西，应仔细地表达真实，能愈从典型环境中精确地表达典型特征愈好。

二，要非常地熟悉你所欲描写的东西。不可求知于“天花板”，不可选材于“指头”，不要写传闻，不要写你不知道和未研究的东西。

三，不要议论，不要推理，也不要故事式地叙述，而要更形象地更艺术地表现。

四，不要讲废话，应力求简练、清楚、明确、直朴，词句要紧密，思想要广阔。

五，写作之前，应仔细地思索，悟解所要写的东西，不可在仓忙中提笔。

六，尽可能地储蓄你的语汇，尽可能地加深你的修养，不要自命不凡，不要以文学是轻巧的事业。

七，你要把书籍当作你的导师，你的良友，好的书籍你至少得读两次。你要从它们找到好处。

八，作诗，要用很大的、细密的工夫。每个字，都要权衡轻重，不能模糊。

九，写故事，如欲使其生动，当中必须要有环境、人物、肖像，和对话的叙述，以及动作的描写，等等，不可用死板的、干燥的含混的言语去写，也不可用雕琢的、伪美丽的、巧辩的，距谈话用语很远的辞句去写。应当用明了的言语，用生动的言语。

十，写小品文，注意的中心应在大众，及它的相互关系、劳动、生活，等等。小品文的主人公，不是自然界，不是材料，也不是生产，不是机器，而是人。

十一，写戏剧切忌枯燥，愈有趣，表情愈多，演技愈多，愈好。剧中的人物不可没有个性，在戏曲中万不可有一个多余的，无动作，无特性的人物。

十二，认真地写作，认真地修养，多多地接近大众的生活，青年作家的成功秘诀，就在这里。

怎样写作

丙　生

《读书生活》的同人在“创刊辞”里说：“我们的理想是，将来的《读书生活》完全要变作读者的园地，里面全部要登载他们的文学写作、生活实录、科学研究、时事意见，等等，稿子要从各社会层的角落里飞来，撰稿人都是不见经传的生活奋斗的大众。”但在目前，他们知道这一种特性还不能充分地发挥，所以当前的《读书生活》的实践是特别注意：

一，首先做到对于不大读书的人提出一个读书生活的正确观念，纠正和说服过去所受的一些不良的影响；

二，供给正确而又通俗的科学知识，使读者从此片断的知识，渐渐进入较专门的研究；

三，为澈底了解各社会层及职业团体生活的特殊与实况，特别设生活记录；

四，鼓励大众写作；

五，设读书问答，解除读书过程中的疑难。

这五条中间，第三、四两条是《读书生活》达到它的“理想”——完全变作读者园地——的预备工作。我很赞成《读书生活》将来的理想以及它目前所担负的五种任务，特别是第三、四两条。《读书生活》的理想能否实现，先要看最近的将来有多少生活记录和青年文艺的稿子从各社会层的角落飞来。

《读书生活》的读者自然并不缺乏生活记录和文艺作品的材料。然而他们一提起了笔，也许会觉得头绪纷繁，不知从那里说起好，也许会觉得笔尖不听指挥，活泼泼的生活记录会写成死板板的零用账。他们写出来了，也许自己看看不满意就丢在抽屉里了，也许寄到了编辑先生手里，编辑先生也给它发表出来了，但读者得不到生动的印象。这样的情形，未必是我的想象。有许多青年常常提出“怎样写作”的问题来，就可见有了材料而感得表现困难的，大概并不少罢？

我们也见过有许多书籍或论文回答“怎样写作”了。那都是长套的大议论，介绍了前人写作经验的心得。这些回答也许是有用处的，也许曾有人得了启示，但是读了什么什么“作法”之类的书籍而愈弄愈胡涂的青年却也很多。他们本来倒还会写写，多读了“作法”，反弄成不敢下笔了。或者写了出来却更加死板板的了，于是积极指导作用的什么“作法”之类，变成一团冷粽子，停积在青年胸口消化不来了。

有材料而感得表现困难的青年是应当学习一点什么写作法的。不过那些专书却不能给他们什么。他们倒是丢开了种种规则，自由独立的写去，恐怕要好得多。他们倒是多读名家的著作，不要预先把什么写作法横梗在心中，只是欣赏地去读着，恐怕倒能够不知不觉间读会了一些写作法。他们假使要写一篇生活记录，那好像是跟朋友或家人谈话似的写下去罢。千万不要存着我在作文的意思；一有了这存心，就会写成了死板板的讲义体或零用账了。假使要写一篇小说，也请千万不要把写小说的架子先在自家心里搭起来；倒是先把自家所要写的对象精密地整理过了就不拘什么“形式”写下来罢。什么什么写作法请你暂且不要放在心上，你写多了读多了，你自然会自己产出方法来。

略谈题材

胡依凡

几个文人经常地碰在一堆儿你就可以听到下面的几句对话：

甲："你近来写文章吗？某某刊物你不是写了一篇文章？"

乙："那个太糟了！近来真是一个字也写不出。"

丙："写东西实在不容易啰。"

丁："可不是，我写一篇东西就写了一个礼拜还没有写好。"

在这廖廖的几句对话里，使人感触到的是什么呢？与其说是他们的写作态度十分严肃，不如说是他们能够拿来写作的题材过分贫乏了吧。

题材为什么会贫乏呢？第一，便是实生活的体验太少了；第二，便是不会把握题材；第三，或者是跟写作家的认识与勇气有莫大的关系了。

所谓题材就是客观现实的反映，没有实际生活的体验，固然是写不出什么东西来；但不能抓住一切真实的事象的规律性和必然性，就是能够写作，也决然不会写作出正确的现实；如果写作家而缺乏认识与勇气，不用说是一定会弄到无一可写以至不能写了。

客观的现实的题材是多方面的。写妓娼卖淫是题材；写强盗犯罪，写男女恋爱、军阀战争工人挨饿，等等也都是题材。

所以题材是无限止地展开在社会的各方面，无论写作家是隐身在那一个社会里去观察选择、搜集和整理，他能凭着自己的科学的观点，把握住某一事件的中心，题材是同样无限止地摊在写作家的跟前的。当前写作家之所以贫乏无力——会感到简直一字写不出；会弄到这样那样写不好；甚至真要搁笔，害怕——如有些知名作家简直是自己情愿把眼睛蒙起来，这过失都不是单独限于某方面的。

由于写作家自己的观点的模糊或不定，由实际生活中即使能攫取得许多浮泛的题材而写作，但这题材的现实性也决然不能得到正当的解答：不是歪曲，便成了武断。关于这，观于文坛上各种流派在文学分野上所表现出的各种各色的姿态，就够了然了。

同一的题材，在观点不同的写作家笔下，可以表现出各种各色的姿态。这是必然的结果。同一的题材，在同样的观点的写作家笔下，同样也写不出一致的见解；如有的便只是暴露了题材本身的黑暗面，仅仅提出了问题，没有指示出怎样解决问题；有的便陷于公式主义，空洞地指出了题材的片段光明面；有的却能够完满地展开了题材的进步性，不仅提出了问题，且提示了怎样处理问题；有的索性写下了发生相反的、矛盾的结果。这些和那些，都是跟着每一个写作家本身的主观上的认识、修养和体验的能力的差异，使题材的展开，得下不同的效果。

通常所接触到的一般比较可读的文学作品，所以会使人发生平庸、重复、压倦，或者是不快的感触，一半固是由于一般时下写作者的偷懒和取巧，一半就由于他们所能拿来表现的题材太不够了，而且是不会运用题材，糟蹋题材。换句话，便是写作家本身没有充实的、正当的认识，且对于各社会层——客观的现实也理解得太不够了。因之，文学影响自然也就得着相反的意义。凡此，一般文学者的错误，以及走到失败的路上的原因，都可归到他们不理解题材的现实性上。因为不理解题材的现实性，所以就有好的题材提供着，他也不能好好的将它运用得恰当。跟着，他们的写作也就不流于偏见，便陷于狭窄了，甚至把偶然的现象和整体对立了起来。

所谓题材的现实性，是要求写作家对于某一事件的真实面，都需要有更深入和广泛的观察，要使个体的现象——偶然的现象和整体求得统一而去发展它。但这点却正是不易做到的事——尤其对于一般没有深入社会层的写作家。所以谈到写作的困难，圆熟的固是一点，但更重要的，还是题材的把握。技巧只能帮助表现上的便利、活泼和更有力，但对于一篇不好的题材的补救，仍然是无用的。反之，能把握住现实性的题材而写作，纵使技巧不怎样高明，而对于题材的展开，是不会感到多大的损害的。——自然，写作家对于自己的写作技术，是应当力求进步，以增进自己的文学表现上的力量。

谈到这里，一个写作者，或者一个渴想从事文学者应该怎样去把握题材，怎样使自己可以拿来写作的题材日见丰富充实起来，似乎是不必再谈也可理解了。这答案也就是：要不断增加自己的社会体验——不仅要知道它，而且必须理解它，不断地锻炼着自己的意志——坚实着自己的认识与勇气，题材是像无尽的宝藏摆在一切写作家的面前。

二、写作经验

我怎样写《邓熙华》的?

方士人译

想来大家一定都认识，这位塞基·铁列捷珂夫原来就是写那本震动过全世界的《怒吼罢中国》的作者。他最近的一部作品，用我们中国四川省的名字做书名，一看就明白，那也是写的我们中国事情。在这一篇短文里，他把他写《邓熙华》时所用的创作方法特别提出来讨论。他把他所用的创作方法，和传统的美文学的方法对立起来，称为“纪实文学”（Literatuer of facts）的创作方法，这是很值得我们讨论，很值得我们学习的。

——译者

《邓熙华》是一本论争性的书，而且具有两重的意义。

在中国住了好久，和中国民众发生了亲密的接触，我就常常觉得很奇怪，那些描写殖民地的外国小说，关于这个希奇古怪的国家怎么捏造出了这么许许多多的鬼话来呢？瞎三话四地说什么中国文化莫明其土地堂啦！说什么中国文化是不合情理的啦！说什么黄种人和白种人是不相容的啦！说着这些荒唐的话，心里所存的鬼计不久也就分明了。这一切都是捏造出来的，一方面是想勾引白相人和小贩子赶快向这个就要被殖民地化了的国家里面跑去呀，另一方面呢，却又叫他们小心提防，不可和这个国家亲近得太肉麻哩！

因此，《邓熙华》的第一个任务，就是要将中国人物被锻炼成的道路作一幅明细而严谨的图画，并且将典型的传记所依据的材料和事件都提供出来。

第二个任务完全是争论的，而且和苏联目前的文学论战是站在一条路线上的。这些讨论集中于这个问题，就是一个活着的人应该怎么样被描写呢？用传统的美文学的方法么；还是用“纪实文学”的创作方法呢？

（一）他们主张什么

当抱着第一种态度的代言人说“研究了十个真实的人，就从这十个真实的人中间创造出第十一个观念上的英雄来”的时候，我和那些与我同意的人们一起，表示反对，认定“具有典型特征的最大限量的一个中题，必须被检出而加以分析，然后必须将发展的一般原则怎样贯通着这个主题，表现清楚”。

在写《邓熙华》中所用的创作方法，是一个新闻记者的方法，就是说，访问记事的方法。我和邓熙华在一块儿工作了六个月，差不多每天都和他会面，用他那拙劣的俄语他把他的生活告诉我，他不会说的，他就画给我看。如果他不能够用图画来表达出他的意思，我就速写：构成一副床架子的各种要件，一只水壶的轮廓，篮子吊在扁担上的样子，任执行死刑以前人们的安排。

对于他并不是一件轻易的工作。我要求关于细微末节的详详细细的叙述。将这些细微末节的小事情作为每天规定的一种功课来处理，一个人是会觉得十分厌倦了起来的。

当他说“晚饭后我就要到寝室里睡觉去了”的时候，我总用这样的话来打断他：

你先洗一洗身么？水是冷的还是热的呢？在一只水盆里还是在自来水龙头底下？用你的手洗呢，还是用一块毛巾？洗脸么？洗头么？洗颈项么？洗肩膀么？你依什么程序脱去你的衣服呢？你把你的衣服放在什么地方呢？床先已铺好了么？还是你自己亲手去布置呢？床上有些什么东西？有多少垫褥？它们是用什么东西装的呢？有多少被单？是那一种被：羽毛被么？棉被么？还是绒被？你把你的头蒙在被窝里面睡么？你睡得很安静么？你从床上跌下来过么？你在夜里醒来么？

（二）四川的床

从这一类的询问里，我就很明白，四川的床完全不像床，却是有一个床顶的复杂的建筑物，倚在墙壁里，夜里拖出来。

顺便提一提吧，关于床顶。邓君并不曾提起过它们，我也不曾问起过沿着墙壁爬，在天花板上爬着的虫子。只是当我问他夜里马陆会不会从天花板上落到他身上来的时候，他这才很惊奇地回答：“床上有一个床顶，它们怎么能够落下来呢？”

我作为访问者的纲，完整而且异样，网眼小得正好，是凡真正有兴味的而且是典型的事实都无从遗漏。看起来已经捕到

"鱼"的地方，我拖起我的网的时候那种坚忍的精神，也已经得到了好结果了。

这里是一个很有趣味的插话。

邓君，还是一个小孩子的时候，常到他家庭附近的河边上去散步，但是他从来不曾参加过渔夫家小孩子们的游戏。当我问起这件事的时候，他回答："母亲不许。她会发怒的。"

这真莫明其妙了，一个小小孩子，在完全没有人干涉的地方，为什么还要服从这么一种训诫呢？那是对渔夫的儿童们表示阶级的严肃么？对他的母亲无上的训服么？性格中某种缺陷的表示么？平凡呢还是容忍？

我言归正传："你的母亲并不在河边上监视你呀！你可以拍通❶一下跳到水里去，回到家里的时候，装做没有什么事情一样好了。她不会看得出来的。"邓君却轻快地回答说："她会看得出来的，因为花儿会从我的手里被冲洗掉啦！"

（三）她画花儿

似乎邓君的母亲，在允许她小儿子出去散步以前，要在他的手掌心上先用中国墨笔画些花儿，当他回家里的时候，他必须把手掌心伸给他的妈妈看一看。如果花儿被冲洗掉了，妈妈怎么样打小孩子们，他已看见过，而且不止一回了。儿童行为中的一种新的反射便这样被泄露了出来。

我相信，只有在作者对于他所访问着的那个人的环境具有充分的了解的时候，生活访问法（the Bio - Interview Method）应用起来才有效，我常常必须要引起他回答的动机，不然的话，我决不会得到什么回答。比方说，在分析学校游戏的时

❶ "拍通"，应为"扑通"。——编者注

候，我对郑君提起“打拳”的游戏，他本来倒已经完全忘记掉了。那对于他是多么普通的一件事呀。

不管我们彼此是怎样的相互信任，我却不得不调查关于他传记里的内心生活方面的许许多多的事情，问问郑君的明友，有时我竟得到了意想不到的回答。对我谈起他的婚姻和恋爱事件来，邓君总是自称为一种英雄，他认他的环境曾经很残忍地压迫过他的恋爱的力量。其实这是不真实的。

（四）选择事实

大概说起来，将那些用访问的方法所搜集起来的事实，加以选择而且使它特别的明了的问题，便是生活访问者的主要创造性之一。后者的观念必须领导被访问者，不要被许多基本的事实所牵制住。同时，访问者必须能够敏锐地感受新的观念，如果累积起来的事实已开始无形地破坏了他的本来的计划。

在邓君身上，我竟侥幸地发现了一个人，二十世纪第一个二十五年中一个中国智识分子的典型的事件和性格的特征，在他的传记中多样地被描绘着。邓熙华的童年时代，很特殊地，使我想起了我的幼年，在一个中国童心的旋律中我竟发现了我自己传记中的陪音。将所有数据详详细细的叙述得很充实，并不会破碎了人的性格。相反的，这种充实却使性格表现得特别显著，就好像是机构，由它们的轮廓支持住一样。

安得生对于写作的话

蒋怀青

安得生（Sherwood Anderson）于一八七六年，生于美国渥玄俄州克莱达村（Olyde）。虽说他以前也曾写小说，但是没有出版过，一直要到四十岁时，才出版了他的第一册小说《麦克费生的儿子》（Windy Me Pherson's Son），此后每年出版一部长篇，或一册短篇小说集，那些正像德莱塞（Thesdore Dreiser）的小说一样，在消极方面说，没有形式，不拘于普通的结构；在积极方面说，则捉住了生命的本质，而把它结晶在一种语法或一种描写里。自他在一九一四年，发表了他的最初的故事《兔子的笔》（The Rabbit Pen）以后，名声日高，至一九二一年他的《蛋的胜利》（Triumph of the Egg）出版，就达到了国际的声誉。他的作品有《前进的人们》（Marching Men）、《可怜的白人》（Poor White）、《维凡斯堡·渥亥俄》（Winesburg Ohio），以及前年出版的表示了他的新的转变的《超越了愿望》（Beyond Desirc）等。

我很早就相信粗糙是一种真有意义的现代美国文学底产生里不可避免的性质。在我们中间，还没有精巧的思想，还没有精巧的生活，这个明白的事实，谁能否认呢？如果我们根本是一种粗鲁像孩子般的人民，那我们的文学怎能希望逃避这事实的影响呢？真的，为什么我们定要希望它去逃避呢？

我们先应该接受某个真理。为什么我们美国人，定要想装出一种不属于我们而仅属于旧陆地的精巧的外表呢？当我们还不曾受到我们应有的生活时，怎能就谈到智慧，和智慧的生活呢？在大部分美国的著作里，有的只有“死”。你能够怀疑我的话吗？想一想一般杂志上的光滑精美的小说。结构词藻，常常是很精巧，可是没有现实性。这样的作品，可算是重要吗？回答是：这些最流行的杂志上的小说，不论是长篇矩篇，没有能在我们心里生存到一个月的。

这事我们要怎样去做呢？在我说，我们作者应该以更大的勇气投到生活里去。我们应该开始来写出群众的生活。我们的内心里，是应该有这一点勇气的。照现在我们所走的路继续走去，很是危险。把我们与群众分离开来，生活在小团体里，自以为是获得了智慧，这样下去，是没有结果的。我们仅能希望产生一种与目前美国实际生活不发生关系的文学。

自然啰！照我所说的去做并不是件容易的事。美国是一处客观地写作，客观地思想的地方。新的路径将开辟起来。主观的冲动将为我们所摈弃。因为它接近生活，它才作出粗糙片断的形式。它所导往的路，是这些美国散文大作家，像詹姆士(James)、荷威尔（Howells）所不要走的；但如果我们要有所达到，我们就非走这条路不可。

路是粗糙的。知道我们美国、了解我们城市生活的人，谁能够闭着眼，把此地大部分的生活是丑恶的这个事实轻轻地掠过呢？我们以一个小百姓的资格，投在工业制度里，觉得工业制度并不是可爱的呀。如果有谁说能在美国工厂都市里，找出美来，那我倒希望他能指示我美的所在。我生活在工业生活里，在我看起来，这全个东西正像现代战争一般的丑恶。我已接受了这个事实，我相信前进一大步就能达到，只要是它被更

普遍地接受了的时候。

我常常被人质问，为什么粗糙、丑恶是必需的呢？为什么像德莱塞（Dreiser）先生那样一个人，不能以早期的美国人的精神来写作呢？为什么他不能看见生活的诙谐面呢？我们所要的是健康的音调。在马克·吐温（Mark Twain）的作品里，有着些健全、美妙的东西。为什么现代人不也健全美妙呢？

对于这问题，我可回答说，在我看起来，像德莱塞先生才可说是健全。他对于周围的生活是有些真实的，这真实常常是健全。马克·吐温和惠特曼（Whitmon），写出另一个时代，写出一个山林河流的陆地。他们那时候，美国生活的主要情调，是大言的筏夫，和满胸生毛的樵夫。而今日是不同了。今日美国生活的主要情调是工厂工人。我们了解了这个事实，才可以用新的观点来论到现代小说家的任务。

我相信，小说家的作品必需常常离开哲学思想的范畴之外。你们真实的小说家，是一个熟知他那时代的生活的人。他一生生活，不是生活在他自己的范围里，而是生活在群众的中间。他的脑海里，涌着各色各样的人物，一群一群的人物。从许多人物里，浮出一个来。如果他全然体验了他周围的生活，而那生活是粗糙的，则这浮出来的人物将也是粗糙，将粗糙地表现他自己。

我不知道一个人走在主观写作的路上，能走得这样远。我可说这事情迷惑了我，想把你自己过深地沉到现代美国工业生活里去，这思想，真有些近乎疯狂。

但我满意于这条路，因为除此再没别的路了。如果一个人要避免巧妙光滑的写作，他至少要做到和他兄弟为兄弟，而且要像他那时代人们的生活而生活。他一定要和他们，共分他们生活粗糙的表现。只有到我们孙子那代手里，才有特权来产生一种更优雅更精彩的美国著作。我希望那时候，会是真实，但现在是不真实的。在这许多美国青年里，我之所以只信托那些现代文学的冒险者，也就是这个道理了。在散文的那种精巧优美的礼物未属于我们之前，将有许多粗糙杂乱的美国著作出来，这是我敢断言的。